GOLDMANN
ESOTERIK

*Buch*

Für uns alle gibt es einen Weg zur Freude, zur erfüllten Lebensgestaltung. Leben kann nicht nur Freude sein, Leben sollte für uns alle Freude sein. Peale weist uns den richtigen Weg zu dieser Freude aus unseren seelischen Tiefpunkten und Depressionen hinaus. Wir erfahren, wie wir mit äußerem Druck fertig werden, unsere Depressionen überwinden, Seelenfrieden finden, unsere Gesundheit stabilisieren, Selbstvertrauen entwickeln, und schließlich die Unsterblichkeit der Seele erleben.

»Freude und Harmonie sind sinnverwandte Begriffe. Befinden wir uns in Einklang mit uns selbst, so verbinden sich auch alle unsere Lebenskräfte zu einer Ganzheit.«

*Norman Vincent Peale*

*Autor*

Norman Vincent Peale, geboren 1898 in Bowersville, Greene County, Ohio, USA, gilt als »Erfinder« und Begründer der Lehre von der Kraft des positiven Denkens (neben Dr. Joseph Murphy). Fußend auf den Lehren eines Ralph Waldo Emmerson, verhalfen seine Bücher Millionen von Menschen zu einem glücklicheren und erfüllteren Leben.

Dr. Peale ist Theologe und noch heute – trotz seines hohen Alters – als Seelsorger in New York tätig. Peales Bücher wurden in über zwanzig Sprachen übersetzt und sind in einer Gesamtauflage von wohl mehr als 10 Millionen auf der ganzen Welt verbreitet. In »Heute fängt Dein Leben an« zeigt Peale die Kraft des positiven Denkens, indem er für jeden Tag eine Losung des Positiven findet. In der praktischen Umsetzung positiver Vorstellungskraft erlebt der Mensch eine spirituelle Bereicherung und den Durchbruch zu einem neuen Glauben an sich und das Christentum.

Von Norman Vincent Peale bei Goldmann erschienen:

»Heute fängt Dein Leben an« (11815)

Weitere Titel in Vorbereitung.

Norman Vincent
PEALE

# Leben kann Freude sein

*Seelenfriede –*
*Quelle der Kraft und Energie*

GOLDMANN VERLAG

Aus dem Amerikanischen übertragen von
Dr. Eva Zeumer

Der Goldmann Verlag
ist ein Unternehmen der Verlagsgruppe Bertelsmann

Made in Germany · 1/89 · 2. Auflage
Genehmigte Taschenbuchausgabe

Umschlaggestaltung: Design Team München
Druck: Elsnerdruck, Berlin
Verlagsnummer: 11823
Lektorat: Michael Görden
Herstellung: Ludwig Weidenbeck/AS
ISBN 3-442-11823-9

# INHALT

# Leben kann Freude sein

*Im gleichen Ausmaß, wie Sie Freude verbreiten, werden Sie auch Freude empfangen. Dies beruht auf dem Gesetz des Ausgleichs von Saat und Ernte. Freude wächst, indem man sie auch anderen vermittelt, sie nimmt ab, wenn man sie für sich allein behält. Tatsache ist, daß wer Freude nicht weitergibt, schließlich selber ohne Freude bleibt. Der Mensch kann in sich selber die Quelle der Freude entdecken, aus der er mehr Freude schöpfen kann, als er sich das je vorstellen könnte.*

Dieses Buch möchte Sie, lieber Leser, zur Quelle der Freude führen. Freude wird allen geschenkt, die sich um sie bemühen, sich ihr öffnen. So gefundene Freude löst innere Spannungen, macht uns frei von seelischen Tiefpunkten und verleiht uns ungeahnte Kräfte. Wir können gesünder werden und unsere Begeisterungs- und Aufnahmefähigkeit steigern.

Dr. John A. Schindler betont, 35 bis 50 Prozent der kranken Menschen fühlen sich hauptsächlich nur deshalb krank, weil sie nicht glücklich sind und weil sie anscheinend nicht wissen, daß es für das gesamte Wohlbefinden wichtig ist, nicht negative, pessimistische, sondern freudige, positive Gedanken zu entwickeln. Er versucht eine bessere Heilwirkung bei allen seinen Patienten dadurch zu erreichen, indem er ihnen rät, auch innerlich davon überzeugt zu sein, daß sie genesen werden.

Es besteht eine enge Beziehung zwischen Freude und Gesundheit. Innere Harmonie bedeutet Gesundheit, Disharmonie Krankheit.

Unser Körper ist abhängig von der Tätigkeit der Drüsen. Und die Funktion der Drüsen wird wesentlich von unserer inneren Einstellung beeinflußt. Menschen mit einer frohen Natur überwinden Krankheiten deshalb viel leichter.

Wenn wir diese Zusammenhänge kennen, überrascht es uns auch nicht, daß wir auch von Jesus den Rat erhalten, voller Freude zu sein. Natürlich dürfen wir seine Botschaft nicht so interpretieren, daß unser einziger Lebenszweck Freude sei. Das wäre nicht ausreichend genug. Jesus hat uns die Freude ans Herz gelegt, um uns das Leben zu erleichtern, das beste aus dem zu machen, was uns mitgegeben ist, uns von inneren Konflikten zu befreien und ein harmonischer, glücklicher Mensch zu werden.

Freude und Harmonie sind sinnverwandte Begriffe. Befinden wir uns in Einklang mit uns selbst, so verbinden sich auch alle unsere Lebenskräfte zu einer Ganzheit. Wir stehen dann mit Gott, der Welt und unseren Mitmenschen in einer sich ständig erneuernden Beziehung. Ist die innere Harmonie vorhanden, so arbeiten Geist, Seele und Körper als Einheit zusammen. Wir befinden uns dann auf einer höheren Stufe des Seins. Harmonie und Freude sind entscheidende Elemente, unsere inneren Kräfte zu steigern.

Auf einer Reise im Flugzeug saß ich neben einem Ingenieur. Er hatte die Motoren dieser Maschine mit entwickelt. Es war ein herrlicher Tag, und wir spürten das Bedürfnis, uns über die Freude zu unterhalten, die so ein Flug auszulösen vermag. Ich suchte noch nach Worten, um ihm zu sagen, daß eine geglückte Arbeitsleistung der Grund von Harmonie sei, als er einwarf: «Sie haben vollkommen recht. Auch bei einem Flugzeugmotor hängt die Leistungsfähigkeit davon ab, wie reibungslos die einzelnen Maschinenteile ineinandergreifen. Wenn Flugzeugmotoren harmonisch laufen, scheint es mir, als ob sie aus Freude singen.» Er schwieg einen Augenblick und fuhr dann fort: «Achten Sie einmal auf das Geräusch dieser riesigen Flugzeugmotoren. Jeder von ihnen arbeitet mit 2500 PS, eine gigantische Musik.»

Vorher war mir der Lärm von Flugzeugmotoren immer nur lästig erschienen. Jetzt machte es mir Spaß, dem harmonischen Klang dieser Maschinen zuzuhören und, wie dieser Ingenieur, auf ihren «Gesang» zu lauschen.

Doch das ist nichts im Vergleich zu einem menschlichen Wesen, das Harmonie anstrebt und ausstrahlt. Es ist, als ob dieser Mensch den schöpferischen Quellen näher sei und eine nie endende Kraft in sich trage. Die Anspannungen des täglichen Lebens und alle inneren Konflikte scheinen behoben, Energie und Vitalität können sich harmonisch frei entfalten.

Sportlehrer sind sich bewußt, daß Harmonie und Freude zu außergewöhnlichen Leistungen führen. Freude ist Öl für den Geist und gleichzeitig auch für die Nerven, Muskeln und das Herz. Freude beschwingt, steigert die Spannkraft und sorgt für eine schnelle Reaktion. Freude unterstützt die Ausdauer und die Liebe zur Sache. Es ist nicht so leicht, einen freudigen, harmonischen Menschen unterzukriegen.

In keinem Mannschaftssport siegt eine Mannschaft verdient, ohne harmonisches Zusammenspiel. Auch dem Einzelnen gelingen keine Siege, wenn er in schlechter geistiger Verfassung ist. «Kein Mensch kann sportlich Höchstleistungen vollbringen, wenn er negativ gestimmt ist oder auch nur passiv ohne Freude und Begeisterung spielt», sagte ein Golflehrer. Er erklärte weiter: «Ich glaube, Golf und auch andere Sportarten verlangen Rhythmus und Zeitgefühl. Ein harmonischer Geist sendet harmonische Botschaften über die Nerven zum Körper, der dann den Schlag bestimmt. Das erste, was ich von meinen Golfschülern verlange, ist, innere Harmonie durch richtiges Denken zu erreichen.»

Der Golflehrer erzählte mir eine höchst interessante Geschichte von seinem Schüler Joe, der seinen Weitschlag verbessern wollte. Doch es gelang ihm leider nicht ganz. Er war total verkrampft, steif und überanstrengte sich zu sehr. Nachdem der Lehrer ihn beobachtet hatte, kam er zur Überzeugung, Joe sei kein sehr glücklicher Mensch. Weil er in seinem Wesen nicht harmonisch genug war, verkrampfte er sich zu sehr, seine Nerven und Muskeln waren schlecht aufeinander abgestimmt, und aus all diesen Gründen konnte er den Ball nicht richtig treffen. Er umriß Joe seine Ansicht, daß Sport Freude sei, und sagte ihm, sein Spiel werde sich niemals verbessern, wenn er ohne Freude spiele.

Auf Joes überraschte Frage, was er tun solle, fragte ihn der Lehrer, ob er irgendwelche Lieder kenne. Joe überlegte und nannte dann sein Lieblingslied. «Damit wird's gehen, ich möchte, daß Sie singend spielen, und zwar laut und voller Begeisterung. Wir sind ja allein. Dann, wenn ich meine Hand hebe, holen Sie – immer weiter singend – aus und schlagen zu. Denken Sie nicht daran, wie Sie es tun sollten, Ihre Muskeln arbeiten von allein.»

Joe hatte die Angewohnheit, überaus genau und fast übertrieben sorgfältig auf den Ball zu zielen. Er setzte seine Füße in die richtige Position, umfaßte den Schläger genau nach Vorschrift, sein Blick galt nur dem Ball – kurz er tat alles, wie es im Lehrbuch stand –, doch den Ball traf er nicht. «Nun hören Sie mir gut zu», sagte der Lehrer, «mit dem Verstand beherrschen Sie das Spiel. Nun müssen Sie aber innerlich frei werden und ungezwungen, frisch und fröhlich an das Spiel herangehen. Ihre Muskeln wissen genau, was sie zu tun haben. Daher, wenn ich meine Hand hebe, fangen Sie zu singen an und holen zum Schlag aus.»

Obwohl Joe durch diese Anweisungen etwas in Verlegenheit geraten war, fing er zu singen an, zuerst zögernd und stockend. Dann, als er merkte, auf was es dabei ankam, sang er laut und aus vollem Herzen. Er ging singend über den Rasen, Herz und Seele füllten sich. Endlich war es so weit. Nun glaubte er selber, den richtigen Schlag zu führen. Er schlug zu, und wirklich: der Ball flog weit ins Gelände.

Bestimmt werden auch andere Menschen, wenn sie draußen sind oder im Garten arbeiten, ein Lied singen. Das wird zum Gelingen beitragen; denn sagte nicht Thomas Carlyle schon: «Gib mir den Mann, der bei der Arbeit singt.» Um etwas zu leisten, muß man innere Harmonie besitzen, und um diese auszustrahlen, muß man tiefe und echte Freude empfinden können.

Und wie kann man das erreichen? Was muß man dafür tun?

Zuerst sollten wir lernen, freudig zu denken. Es ist eine psychologische Erkenntnis, daß der Mensch, der in einer bestimmten Weise leben will, sich ganz auf diese Lebensweise konzentrieren muß. Wenn wir ängstlich sind, aber gerne mutig wären, müssen wir mutig denken. Mit der gleichen Methode können wir auch ruhiger werden. Vergessen wir aber nicht, intensiv an das zu denken, was wir erreichen möchten.

Nach einer Weile beginnen wir so zu handeln, als könnten wir nicht anders. Bleiben wir lange und ernsthaft genug mit den Gedanken dabei, so werden wir bestimmt das erreichen, was wir uns vorgestellt und gewünscht haben.

Schon morgens beim Erwachen sollten wir uns auf den neuen Tag freuen. Sagen wir uns: «Heute gelingt mir alles. Ich habe herrlich geschlafen, ich bin froh darüber, daß ich lebe.»

Sodann öffnen wir weit das Fenster und atmen die frische Morgenluft ein. Vielleicht scheint die Sonne nicht, und es regnet. Dann erinnern wir uns daran, daß Regen erfrischt und der Erde gut tut. Mit andern Worten, wir sehen das Gute. Positive Gedanken beeinflussen unser Wohlbefinden. Denken wir freudig, reden wir fröhlich, handeln wir beschwingt, und wir werden durch unser Handeln, Sprechen und Denken wirklich ein freudiger, fröhlicher Mensch werden.

Unser Verstand wird sich vielleicht dem entgegenstellen und uns einflüstern, diese ganze Anstrengung lohne sich nicht nach dem alten Spruch: «Denken allein hilft nicht.» Doch positives Denken wird helfen, besonders wenn wir beständig bleiben, Ausdauer zeigen. Wenn wir ernsthaft bemüht sind, uns zu ändern, so müssen wir unsern Verstand kontrollieren, nicht umgekehrt. Und unser Verstand wird sich sogleich unserer neuen Art zu denken und zu handeln anpassen. Daher können wir aus uns in kurzer Zeit, wenn wir fest daran glauben, denkend und handelnd, einen freudigen Menschen machen, der im Einklang steht mit allen schöpferischen Kräften des Lebens.

Ein Mensch, der lange Zeit nur düstere Gedanken hegte, wird es zuerst schwer haben, sich auf den neueingeschlagenen Pfaden zu bewegen. Doch denken wir immer daran, alles, was wertvoll ist im Leben, muß mühevoll erarbeitet werden.

Bleistift und Papier können dabei helfen, und so schreiben wir uns die täglichen kleinen Freuden und Erlebnisse auf, die uns begegnen. Wir werden erstaunt sein über das Ausmaß, und wenn wir weiter dabei bleiben, werden wir über den Erfolg staunen. Rufen wir uns systematisch jeden Tag alle freudigen Ereignisse ins Gedächtnis zurück. Denken wir an die glücklichsten und bedeutungsvollsten Erlebnisse in unserem Leben.

Die Kraft, freudige Gedanken zu erzeugen und eine Wandlung der Lebenseinstellung zu erreichen, zeigt das Beispiel eines Mannes, den ich auf einer Reise im Zug traf. Dieser Mann, den ich oberflächlich kannte, war zu jener Zeit ein ausgesprochen verdrießlicher und negativ eingestellter Mensch. Für ihn war alles, von seinem Gesundheitszustand angefangen bis zu den Verhältnissen in seinem Lande, miserabel. «Ist das nicht ein entsetzlicher Zug», brummte er, «und haben Sie im Speisewagen gegessen? War das nicht fürchterlich? Heutzutage bekommt man ja nichts Anständiges serviert. Ich konnte beim besten Willen keinen Bissen hinunterschlucken.» Später erzählte mir ein anderer Mitreisender, daß er ausgezeichnet gegessen habe.

Dann kritisierte er eine Zeitlang verschiedene Menschen, die wir beide kannten. «Übrigens», sagte er, «ich habe einige Ihrer Zeitungsartikel gelesen, wie man ein vitaler und freudiger Mensch werden kann. Nun möchte ich Sie mal im Ernst fragen, meinen Sie das wirklich so und können Sie sich irgend jemanden in dieser Welt vorstellen, der so freudig lebt, wie Sie es andeuten?»

«Sicher, ich kann das», antwortete ich ihm. «Aber wie machen Sie das?» fragte er erstaunt. Und er fügte dann etwas ironisch hinzu: «Sie scheinen ja dem Leben einen guten Geschmack abgewinnen zu können!»

«Der Weg zur Freude», sagte ich, «besteht darin, freudig zu denken, Freude zu zeigen, an die Freude zu glauben, Freude auszuüben und Freude zu geben. Statt daß Sie sagen: ‹Was ist das für ein entsetzlicher Zug!›, sollten Sie lieber sagen: ‹Das ist ein herrlicher Zug!› Denn er ist es auch. In der Tat, ein Zug ist ein Kunstwerk, das Produkt eines Genies. Und außerdem hat ein Zug auch sehr viel Romantisches. Wie eine Stadt auf Rädern, die durch die Nacht braust. Und was das Essen anlangt, so schlecht war es gar nicht. Machen Sie es sich doch zur Gewohnheit, etwas verbindlicher zu werden, den Situationen und Umständen, die Ihnen täglich begegnen, mehr Freude abzugewinnen.

Anstatt sich nur unzufriedenen und düsteren Gedanken hinzugeben, so wie Sie es jetzt tun, versuchen Sie doch Ihre Gedanken auf Freudiges zu richten. Machen Sie eine scharfe Wendung in Ihren Ansichten.»

Mir war klar geworden, daß dieser Mann schon so lange düster und negativ dachte, daß er darin fast als ein Experte angesehen werden konnte. Wie auch immer, skizzierte ich ihm die freudebringende Einstellung, wie ich sie bereits beschrieben habe. Dabei geriet ich in eine derartige Begeisterung, daß ich ihn fast überzeugte, wie glücklich er im Grunde sein könnte.

Es kommt häufig vor, daß Menschen, die sich immer nur negativ ausdrücken, eigentlich lieber etwas Positives sagen möchten, jedoch ihrer alten Gewohnheit verfallen sind. Er jedenfalls schien ernsthaft darüber nachzudenken und versprach, meinen Vorschlag zu versuchen. Tatsächlich stellte er sich auch praktisch um, denn als wir am Morgen in Rom ankamen, war es neblig, und der Himmel war verhangen. Ich stieg gerade in dem Augenblick aus, als ich hörte, wie der Schlafwagenschaffner zu ihm sagte: «Ich hoffe, Sie hatten eine gute Nacht.»

«Ach nicht so besonders», antwortete er, «doch nicht so schlecht wie manches andere Mal.» Er sah sich das Wetter an und bemerkte: «Sieht ziemlich düster aus heute.» Dann sah er mich. Sein Ausdruck änderte sich, und ein Lächeln huschte über sein Gesicht. «Ach, guten Morgen, Doktor», sagte er noch ein wenig müde. Doch in seiner Stimme klang eine neue Heiterkeit. Dann, mit einem Lächeln: «Schöner Tag heute, was?» Man sah, er hatte sich selber durchschaut und gab sich schon Mühe, sein Benehmen zu ändern. Später lernte ich seine Frau kennen, und sie erzählte mir:

«Es macht mir Spaß, meinen Mann zu beobachten. Er behauptet, sich besser zu fühlen, bejahend im Leben zu stehen und sich jetzt wirklich freuen zu können. Es scheint alles etwas merkwürdig, doch er hat sich wirklich geändert. Das Leben ist für ihn angenehmer geworden. Und auch für die ganze Familie», fügte sie hinzu.

Ein kluger Arzt sagte anläßlich eines Vortrages in einer Ärztegesellschaft: «Wir sitzen zuviel. Wir sitzen beim Frühstück, wir sitzen im Zug, der uns zur Arbeit bringt, wir sitzen beim Mittagessen, wir sitzen den ganzen Nachmittag. Schlechtes, zusammengekrümmtes Sitzen erzeugt bei vielen eine Stauung wichtiger Organe. Versuchen wir doch des öftern, uns aufzurichten, uns zu lockern, um Verdauungsstörungen,

Unbehagen, schlechte Laune, und was es sonst noch an tausend andern Folgen gibt, zu vermeiden.»

Praktizieren wir diesen Rat, und wir werden uns besser fühlen. Die bewußt lockere Haltung des Körpers, des Geistes und der Seele wirkt verjüngend und erhält uns länger frisch und munter.

Um Freude und Harmonie als Dauerzustand zu erreichen, braucht es jedoch auch bei allen Fortschritten Übung und nochmals Übung. Wir können auch niemals hervorragende berufliche Leistungen ohne Lernen und Übung erreichen. Dann aber zeigt sich auch der erwartete Erfolg.

Auf einem Flughafen kam eine junge Frau auf mich zu, entschuldigte sich wegen der Störung und bat darum, eine Frage stellen zu dürfen. «Glauben Sie», sagte sie, «daß ein Mensch, der sein ganzes Leben verpfuscht hat, jemals wieder Freude kennenlernen und Freude empfinden kann?»

Offensichtlich erforderte diese Frage eine längere Unterhaltung, doch da gerade mein Flug ausgerufen wurde, konnte ich nur noch rasch einen Satz auf eine Karte schreiben und sie ihr geben. «Versuchen Sie dieses Rezept», sagte ich, «und lassen Sie mich wissen, wie es bei Ihnen wirkte.» Der Satz stammte aus der Bibel und lautet: «So ihr solches wisset, selig seid ihr, so ihr's tut» (Joh. 13/17).

Einige Monate später besuchte mich diese Frau. «Erinnern Sie sich, als Sie mir einen Bibelspruch auf dem Flughafen aufgeschrieben haben? Ich war so fasziniert von den Worten, daß ich sie immer und immer wieder las. ‹So ihr solches wisset, selig seid ihr, so ihr's tut.›

‹So ihr solches wisset›, und ich fragte mich, was ‹wisset› bedeuten könnte, und so las ich ein ganzes Stück im Neuen Testament, um diesen Vers zu finden. Als ich ihn dann schließlich fand, wurde mir klar, was er bedeutet. Ich erkannte nämlich, warum ich unglücklich war. Ich lebte nicht richtig, mein Denken war falsch. Ich war voller Haß und Furcht. Ich hatte Dinge getan, deren ich mich schämte. Nur dieser eine Satz», sagte sie schlicht, «hat mein ganzes Leben verändert.»

Der Mangel an Freude ist für viele Menschen unserer Zeit, ob jung oder alt, ein Problem. Kürzlich interviewte mich eine junge Redaktorin einer Hochschulzeitung. «Ich möchte an Sie eine Frage richten, die uns alle interessiert. Wie kann man wirklich glücklich sein?»

«Lassen Sie mich das klarstellen», sagte ich, «wollen Sie mir damit sagen, daß eine der wichtigsten Fragen, auf die Studenten eine Antwort suchen, jene ist, wie man wirklich glücklich sein kann?» – «Genau das ist es», erwiderte sie, «Dr. Peale, so viele von uns befinden sich in seelischer Verwirrung. Wir möchten eben wissen, wie man glücklich wird.»

Da gab ich ihr den gleichen Ausspruch: «So ihr solches wisset, selig seid ihr, so ihr's tut.»

Jeder sollte doch wirklich wissen, was er tun sollte, um sein Leben mit Freude zu füllen. Indem man aufhört, über Menschen zu schimpfen; sie statt dessen zu verstehen versucht. Indem man aufhört, nur an sich selbst zu denken, und versucht, anderen Menschen zu helfen. Jeder weiß, was er tun soll, um glücklich zu sein. Doch die Weisheit des Textes liegt in den letzten Worten: «So ihr solches wisset, *selig seid ihr, so ihr's tut.*»

Es ist erstaunlich und gleichzeitig erbärmlich, daß so viele Menschen durchs Leben gehen und selber die Leidtragenden ihrer inneren Disharmonien sind. Sie mühen sich ab und empfinden trotzdem kein Glücksgefühl. Freuen sie sich denn nicht, daß sie leben?

Wie steht es mit uns? Sind wir den ganzen Tag über vergnügt? Wenn nicht, sollten wir lernen, wie wir uns freuen können, daß wir am Leben sind. Eine Antwort lautet, die ganz einfachen, praktischen, geistigen und psychologischen Grundbegriffe dieses Buches – und ähnlicher anderer – zu befolgen. Es gibt aber noch einen andern Weg, den ich folgendermaßen erklären möchte: im gleichen Ausmaß wie wir Freude verbreiten, werden wir Freude empfangen. Dies beruht auf dem Gesetz von Saat und Ernte. Freude wächst, indem man sie anderen vermittelt, und nimmt ab, wenn man sie für sich behält. Tatsache ist, daß wer keine Freude schenkt, selber ohne Freude lebt.

Wenn unser Leben oder auch nur irgendeine Tätigkeit gelingen soll, müssen wir lebensfroh an unsere Aufgaben gehen. Was der Skepsis nie gelingt, gelingt der Macht der Freude.

Wenn wir gelernt haben, Freude zu empfinden und zu schenken, bedeutet das nun nicht etwa, daß uns alles im Leben gelingen wird. Eines steht jedoch fest, Freude verfehlt auch ihre Wirkung nicht auf andere Menschen.

Ich befand mich im Waschraum eines Flugzeugs, der, wie Sie wissen, sehr eng ist. Ein Fluggast rüttelte unentwegt an der Türe, um hineinzukommen. Ich rief: «Wenn Sie nur einen Moment warten…»

«Ich will mich gar nicht waschen», unterbrach er mich, «ich möchte mit Ihnen reden! Ich sah Sie da hineingehen und dachte, es sei der richtige Augenblick für eine Unterhaltung.»

Ich lehnte an der einen, er an der andern Wand dieses engen Raumes. «Was haben Sie auf dem Herzen?» fragte ich ihn.

«Mir ist ganz elend zumute, und mich widert alles an. Ich mache mir selber das Leben zu schwer und kann es kaum mehr aushalten! Dazu bekomme ich noch einen neuen Verantwortungsbereich, den ich unmöglich bewältigen kann.»

«Was haben Sie für eine Beschäftigung?» fragte ich ihn.

«Ach», sagte er mit Verachtung in der Stimme, «ich bin so ein Hausierer; oder Verkäufer, wenn Sie wollen. Aber nun schickt mich meine Gesellschaft in die Kleinstädte, um unsere Verkäufer zu schulen. Ist das nicht ein Witz? Mache ich auf Sie den Eindruck eines begeisterungsfähigen Menschen, fähig, Verkäufer mitzureißen?» fragte er mit einem gequälten Lächeln. «Ich besitze einfach nicht die Fähigkeit für diesen Job. Ich soll zu Universitätsstudenten sprechen und habe selber nur die Gymnasiumsausbildung hinter mir. Warum hat mein Chef gerade mich dafür ausgesucht? Um mich in das nächste Fiasko zu stürzen?»

Es bestand kein Zweifel darüber, daß er im höchsten Maße deprimiert war, sonst hätte er auch nicht so geringschätzig von sich gesprochen. Ich betrachtete mir sein vergrämtes Gesicht. «Hätten Sie etwas dagegen, gerade zu stehen?» fragte ich. Er sah mich überrascht an. «Ja, ich meine es im Ernst. Die Art und Weise, wie Sie stehen oder sitzen, hat viel damit zu tun, wie Sie sich fühlen. Wenn Sie gerade stehen, werden Sie wahrscheinlich freier denken.» Er streckte sich und lehnte aufrecht an der Wand. «Stimmt, ich fühle mich dadurch schon leichter», meinte er.

«Natürlich hilft's, und ich hoffe, Sie werden immer daran denken. Noch etwas, setzen Sie nie Ihre Arbeit herab. Sie sagten ‹ich bin nur ein Hausierer›. Es wäre viel wirkungsvoller – und ich hoffe, Sie werden von jetzt ab tagtäglich sagen: ‹Ich habe eine wichtige Aufgabe zu erfüllen. Es ist mein Privileg, Menschen ein tadelloses Produkt einer tadellosen Firma zu verkaufen oder ihnen einen Dienst zu erweisen.› Und reden Sie niemals in diesem geringschätzigen Ton zu anderen Menschen. Stellen Sie weder sich noch Ihre Arbeit in ein falsches Licht.» Dann fügte ich noch hinzu: «Schade, daß Sie für einen Konzern arbeiten, deren oberste Leitung aus dummen Leuten besteht.»

«Wer sagt denn, daß sie dumm sind?»

«Nun, sie müssen es sein, sonst hätte man Sie doch nicht damit beauftragt, Vorträge über Verkaufstechnik zu halten.»

Er warf sich in die Brust. «Meine Vorgesetzten machen kaum Fehler. Es sind die klügsten Männer des ganzen Unternehmens», fügte er stolz hinzu.

«Ja, dann bedeutet es wohl, daß man an Sie glaubt, und wenn diese Männer so klug sind, wie Sie sagen, lohnt es sich wohl, an Sie zu glauben. Selbst wenn Sie keine akademische Ausbildung genossen haben, scheinen diese Leute zu wissen, daß Sie Ihren Kopf anstrengen, das Letzte für Ihre Arbeit hergeben, Ihren Job lieben und an das Produkt glauben. Sie wissen weiter, daß Sie bestimmte Fähigkeiten besitzen, durch die Sie anderen helfen können. Ihre Vorgesetzten wissen, daß sie Ihnen vertrauen können. Das sollte Sie eigentlich sehr glücklich machen, denn Sie brauchen dieses Glücksgefühl für Ihre Arbeit, weil Sie dadurch den anderen Verkäufern eine gewisse Dynamik die von Ihnen ausgeht, vermitteln können. Wann geht es denn mit Ihrem ersten Vortrag los?»

«Heute nachmittag», antwortete er.

«Gut, seien Sie sorglos und mutig, wenn Sie vertrauen, wird es Ihnen gelingen.»

Als er von seiner Reise zurückkam, rief er mich an. «Das war eine großartige Zusammenkunft an dem Nachmittag, und der Vortrag klappte auch. Wissen Sie eigentlich, was mit mir in dem Flugzeug geschehen ist?» fragte er. «Ich wurde durch Sie zu mir selber zurückgeführt.» Er hatte sich durch die neue Art zu denken innerlich völlig gewandelt.

Die praktische Anwendung des Grundsatzes, Freude mit anderen zu teilen, hat vielen Menschen geholfen, sich weiter zu entwickeln.

Ein guter Freund begegnete mir eines Morgens auf einem Bahnhof, als mein Zug eintraf. Mit mir im Abteil waren Geschäftsleute, Direktoren und teuer gekleidete Frauen, die zwar nach außen hin arriviert und wohlhabend erschienen, von denen aber die meisten einen nervösen und unzufriedenen Eindruck machten. Als wir alle ausgestiegen waren, sah ich meinen Freund und bemerkte dessen glückstrahlendes Gesicht.

Dieser Mann war keiner der großen Direktoren. Obwohl er ein großer Mann ist – vielleicht ein noch größerer als die sogenannten Großen –, stapelte er Gepäck auf und lud es auf Wagen, weil das seine tägliche Beschäftigung ist. Es war Gustav Kirchner, der Dienstmann.

Wir begrüßten uns voller Freude. Als ich ihn verließ, angeregt wie immer, wenn ich ihn treffe, dachte ich darüber nach, warum Gustav immer noch Gepäck trägt. Ich bin sicher, daß es ein leichtes für ihn wäre, mühelos eine besser bezahlte Arbeit zu finden. Ich sprach darüber mit einem anderen Freund, der Gustav auch kennt. «Er denkt, daß dieser Bahnhof der beste Ort ist, um Freude zu verbreiten und christliche Nächstenliebe auszuüben», erklärte er mir. Weiter erzählte er mir die Geschichte von einem Betrunkenen, der eines Abends auf den Bahnhof kam und Gustav fragte: «Wo kann ich ein Geschenk für meine kleine Tochter kaufen? Sie ist sieben Jahre alt, und ich möchte ihr etwas mitbringen.»

«Warum wollen Sie ihr etwas schenken?» fragte Gustav.

«Warum? Um sie glücklich zu machen, was glauben Sie denn?» brummte der Mann.

«Mein Herr, darf ich Ihnen ein Geschenk vorschlagen, über das sie wirklich glücklich sein wird?» fragte Gustav sanft.

«Klar, was denn für eins?» knurrte der Mann.

«Bringen Sie ihr einen nüchternen Vater heim. Das wird sie bestimmt freuen, denn sie liebt ihren Papi und fände es zu schön, einen nüchternen Papi zu haben.»

«Was fällt Ihnen denn ein, mir Moral zu predigen», brauste der Mann auf.

«Ich predige nicht Moral,» antwortete Gustav, «ich denke nur an Ihre kleine Tochter. Warum ihr nicht einen nüchternen Vater heimbringen?»

Der Mann fluchte und schimpfte und folgte leicht schwankend diesem lebenserfahrenen Dienstmann zum Zug, nachdem sie beide gemeinsam ein Geschenk für das kleine Mädchen gekauft hatten.

Der Mann kam einige Tage später zurück und stöberte Gustav auf. «Was Sie mir neulich sagten, kann ich nicht vergessen. Jetzt möchte ich nur eins wissen, warum Sie es gerade auf mich abgesehen hatten.»

«Weil ich sah, daß Sie nicht glücklich sind, obwohl Sie es eigentlich gerne wären», antwortete ihm der Dienstmann.

Dann fing Gustav aber ernsthaft mit ihm zu reden an und übertrug auf den Mann seine eigene Lebensvorstellung. Ist es verwunderlich, daß Gustav, der Gepäckträger, ein von Freude erfüllter Mensch ist? Er hat von seiner eigenen Freude so viel an andere Menschen verschenkt – dort im Bahnhof und außerhalb –, daß von allen Seiten Freude auf ihn zurückstrahlt.

Während eines kurzen Aufenthaltes in Florida erhielt ich von einem jungen Studenten folgenden Brief. Er hatte gehört, daß ich mich in seiner Geburtsstadt aufhielt, und schrieb mir:

Sehr geehrter Dr. Peale,

meine Großmutter lebt in der gleichen Stadt in Florida, in der Sie sich gerade aufhalten. Jahrelang habe ich gespart, um ihr ein Rundreisebillett nach New York zu kaufen, weil sie immer gesagt hatte, daß der glücklichste Tag ihres Lebens der wäre, einen Gottesdienst von Ihnen in Ihrer Kirche zu erleben.

Sie hat mir während etlicher Jahre so viel gegeben und mich gelehrt, daß, wenn man mit Gott lebt, nichts unmöglich ist.

Sie hatte sieben Kinder, und sie hat alle allein erzogen. Sie zog zwei Enkel auf und unterrichtete sie. Sie schickte meine Schwester und mich zur Schule. Ich habe sie hungrig ins Bett gehen sehen, und sie sagte, sie brauche nichts, nur damit die Familie nicht Hunger leide.

Sie hat das Haus, in dem sie jetzt lebt, durch Abzahlung kaufen können. Man sollte ein Buch über ihr Leben schreiben, und ich bete, damit Gott mir die Erleuchtung gibt, es selber zu schreiben. Sie ist ein Engel auf zwei Beinen, und ihr Lachen klingt wie Musik.

Übrigens sind wir Neger.

Ich danke Ihnen, und Gott möge Sie behüten.

Ihr ergebener Robert.

Natürlich besuchte ich die Großmutter des Jungen, und sie war, genau wie er es gesagt hatte, eine großartige Frau. Ihr Gesicht spiegelte deutlich jenen Glanz wider, den Menschen nur haben, wenn sie von innen heraus mit Freude erfüllt sind.

Als ich vor ihrem Haus stand, ein kleines bescheidenes Anwesen in einer schmutzigen Straße, war niemand zu Hause. Gerade als ich weggehen wollte, bemerkte ich eine alte Dame mit einem Korb am Arm, die die Straße hinunterkam. Sie hatte einen schlenkernden Gang, so ähnlich wie Matrosen ihn haben, wenn sie an Land kommen. Sie sang leise vor sich hin. Ich wußte sofort, daß sie die Frau war, die ich besuchen wollte, und wartete, bis sie ans Haus gelangt war.

«Sind Sie Frau Stevens?» fragte ich.

«Ach du meine Güte, ja», sagte sie, «was möchten Sie?»

«Oh, ich wollte Sie nur besuchen», sagte ich.

«Das ist aber nett von Ihnen, doch warum sind Sie zu mir gekommen?»

«Ihr Enkel schrieb mir über Sie», erklärte ich. «Er sagte, Sie seien ein Engel auf zwei Beinen. Und so wollte ich eben einen Engel auf zwei Beinen besuchen.» Sie lächelte in sich hinein und lachte dann in ansteckender Weise laut los. «O du meine Güte, ich bin kein Engel!»

«Und», fuhr ich fort, «er erzählte mir, daß Ihr Lachen wie Musik klänge!» Darüber mußte sie von neuem lachen, und er hatte recht, es klang wie Musik.»

«Der Junge sollte nicht solche Sachen machen», meinte sie, doch es war ihr anzumerken, wie sie sich darüber freute.

Ich ging mit ihr ins Haus, und sie zeigte mir Bilder von all den Kindern, die sie aufgezogen hatte. Ich gratulierte ihr dazu und sagte, sie sei wirklich ein wertvoller Mensch.

«Ach, nicht wertvoll, ich habe sie eben alle lieb, das ist's.» Und wegen dieses Satzes schloß ich sie gleich ins Herz.

Gerade in dem Augenblick läutete das Telephon. Ich konnte noch das Ende der Unterhaltung verstehen. «Also, Liebling, nun machen Sie sich keine Sorgen», hörte ich sie zu jemandem sagen, «ich komme mal heute Nachmittag 'rüber und werde Ihnen ‹einheizen›.» Als sie den Hörer aufgelegt hatte, erzählte sie: «Diese arme, reiche Weiße. Sie macht Schreckliches durch, und ich will sie heute Nachmittag besuchen. Man muß ihr mal ganz schön ‹einheizen›.»

Sie erklärte, daß Menschen, denen man «einheizen» muß, keinen Glauben haben, der sie aufrecht erhält.

«Sie sagen, daß diese Weiße reich ist, man ihr aber dennoch ‹einheizen› muß?»

«Ja», erwiderte sie, «diese Frau ist nicht reich, sie ist arm. Leute sind nur dann reich, wenn sie Reichtum im Innern besitzen.» Sie lächelte mich strahlend an. Es war das Lächeln eines Menschen, der wirklich reich und auch weise ist.

Auch sie gehört zu den anregendsten Menschen, die mir in meinem Leben begegnet sind. Ich konnte nicht anders als fragen: «Und wie gelangten Sie zu dieser Einstellung?»

Sie lächelte verlegen. «Ich ging nicht auf die Jagd nach Glück. Ich hab' eben jeden lieb, und wenn Sie Menschen mögen, sind Sie glücklich.» Ich sah ihr an, daß es ihr Ernst damit war. Dann fügte sie hinzu: «Doch der wahre Grund, warum ich so glücklich bin, liegt darin, daß ich gläubig bin und auf Jesus vertraue. Wenn Jesus im Herzen wohnt, kann man alles meistern, nichts entmutigt uns. Man ist eben einfach glücklich.»

Es besteht kein Zweifel, diese Frau ist wirklich ein glücklicher Mensch. Für sie ist das Leben Freude.

*Damit auch für Sie das Leben Freude ist:*

1. Suchen Sie nach Beispielen im Neuen Testament, die mit Freude zu tun haben. Tatsächlich ist das Neue Testament ein Buch der Freude, und der christliche Glaube ist die Frohe Botschaft.

2. Prägen Sie sich alle diese Stellen in Ihr Gedächtnis ein; ihr Sinn wird Ihnen immer deutlicher und klarer werden. Sie können sicher sein, daß diese frohen Gedanken schließlich über die unglücklichen siegen werden.

3. Wiederholen Sie täglich einige dieser Sätze. Das ständige Meditieren guter Gedanken bringt Sie dahin, mit diesen übereinzustimmen. Sie werden zu dem geformt, was Sie denken.

4. Seien Sie jeden Tag geöffnet für alles, was Sie freudig stimmen und glücklich machen kann.

5. Versuchen Sie anderen Menschen so viel Freude zu bringen wie nur möglich. Es ist eine erstaunliche Tatsache, daß es auch Sie freudig stimmt, wenn Sie Freude bereiten. Wir verlieren Freude, wenn wir sie egoistisch für uns behalten wollen.

6. Versuchen Sie die freudigen Seiten des Lebens zu sehen. Man muß den Kummer des Lebens mit klaren Augen erfassen und dort helfen, wo man kann. Aber es gibt auch eine Menge Freude, und die muß man auch erkennen können.

7. Eine frohe Stimmung vom frühen Morgen kann ebensogut zur Gewohnheit werden wie schlechte Stimmung.

# Wie wir äußerem Druck gewachsen sind

*Wenn wir uns unsere Kraft erhalten wollen, um unseren Aufgaben gewachsen zu sein, und wenn wir auf lange Sicht fit sein möchten, dann müssen wir auf das Zusammenspiel aller Faktoren, die unsere körperliche und seelische Gesundheit beeinflussen, so viel Rücksicht nehmen wie ein Ingenieur gegenüber einer Maschine, die funktionieren soll. Nun kann man sich aber eine neue Maschine kaufen, wenn die alte versagt, aber jene Maschine, mit der wir selber zu leben haben, kann nicht einfach ausgetauscht werden, wenn sich Störungen zeigen; und Leben unter dauerndem Streß, unter dauernder Spannung ist eine der Ursachen gefährlicher Störungen.*

Andauernde Spannung beeinflußt und strapaziert den Menschen von heute. Ja, die Welt ist voller Spannung, und die Menschen lassen sich in diesen Strudel hineinmanövrieren. Frei von der Unruhe, die die Menschen selber in die Welt hineingetragen haben, könnte die Erde Harmonie und Frieden ausstrahlen.

Der Mensch, der von Spannung erfüllt ist, sehnt sich deshalb zu gewissen Zeiten nach Ruhe und Entspannung.

Ich kenne Menschen, die gelernt haben, den inneren Frieden zu finden und ohne Spannung zu leben. Im Schnellzug saß ich neben einem führenden, dynamischen Industriellen. Sein täglicher Arbeitsplan ist zeitlich zum Bersten bis an den Rand gefüllt. Obwohl er zahllose Unternehmen leitet, läßt er sich nie aus der Ruhe bringen. Nach seinem Geheimnis befragt, sagte er, er beginne und beende einfach jeden Tag mit geistiger Gelassenheit.

Er meditiere jeden Morgen und jeden Abend über vier Leitgedanken. Einer stammt von Konfuzius: «Der Weg eines überlegenen Menschen sei rechtschaffen, frei von Ängsten, frei von Verirrungen und mutig.»

Der zweite sei der Rat eines ihm bekannten Mannes: «Sitze locker im Sattel des Lebens.»

Der dritte stamme von der heiligen Theresia, der Mystikerin aus dem 16. Jahrhundert: «Laß nichts dich stören, nichts dich erschrecken. Alles geht vorüber außer Gott. Gott allein genügt.»

Sein vierter Wahlspruch sei jenes bekannte Zitat aus dem Propheten Jesaias 30,15: «Im Stillehalten und Vertrauen besteht eure Stärke.»

«Offensichtlich glauben Sie, Spannung könne dadurch überwunden werden, daß man zu Beginn und am Ende des Tages dem Geist philosophische und religiöse Gedanken zuführt», bemerkte ich. «Das ist vollkommen richtig», sagte er. «Und Sie können das Wort ‹religiös› unterstreichen.»

Spannung läßt sich besonders auch durch die tägliche Übung der Stille überwinden. Irgendwann an jedem Tag sollte man eine Zeit absoluter Stille beachten; denn in der Stille liegt heilende Kraft. Gehen Sie an einen ruhigen Ort, sprechen Sie nicht; denken Sie nicht; halten Sie den Geist so unberührt wie möglich; bewahren Sie völlige Stille.

William James sagt: «Es ist ebenso wichtig, unsere Kraft in der Stille zu pflegen, wie die sprachliche Ausdruckskraft.» Und Carlyle erklärt: «Stille ist das Element, in dem sich große Dinge selbst zusammenfügen.»

Unter der von Spannung bewegten Oberfläche unseres Geistes ruht der unergründliche Friede tieferer geistiger Ebenen. Wie die Wellen unter der Oberfläche des Ozeans tief und ruhig sind, gleichgültig, wie stürmisch auch die Oberfläche sein mag, so ist der Geist in seinen Tiefen friedevoll.

Stille, die so lange geübt worden ist, bis wir sie beherrschen, trägt in sich die Kraft, in jenen inneren Mittelpunkt des Geistes und der Seele einzudringen, wo Gottes heilende Ruhe wirklich erlebt werden kann.

Einer meiner Freunde hatte einst ein Problem, das ihn tagelang beschäftigte, und er konnte keine Antwort finden. Da entschloß er sich, sich der völligen Ruhe und Entspannung hinzugeben. Er ließ sein Problem in einen tiefen Teich geistiger und innerlicher Stille sinken und meditierte mehr über den Einfluß Gottes als über die bestimmten Einzelheiten des Problems. Das schien sein Denken zu klären, und bevor er die Stille verließ, wurde ihm eine Antwort zuteil, die sich dann als die richtige erwies.

Der Kapitän eines Flugzeuges sagte mir, beim Starten seien die vollen 2500 PS jedes Triebwerkes nötig, um das gewaltige Flugzeug vom Boden abzuheben. Aber sofort, nachdem es in der Luft sei, droßle er für den langen Aufstieg auf 1800 PS pro Triebwerk zurück. Wenn die Reisehöhe erreicht sei, werde die Kraft noch weiter auf 1200 vermindert und für Langstrecken-Flüge sogar auf 1000 PS.

Die volle Kraft dürfe nicht länger als 2 Minuten eingesetzt werden. Ihr dauernder Einsatz über dieses Maximum hinaus würde den Motoren schaden.

Offensichtlich kommen im Leben Augenblicke, wo eine Krise den vollen Einsatz unserer Kräfte verlangt; aber wir müssen lernen, sie für den gleichmäßigen Aufstieg und für die Langstrecken-Reise des Lebens zu vermindern. Sicher können unsere Kräfte nicht auf längere Sicht erhalten werden, wenn wir wegen Überspannung unsere «Motoren» beständig auf höchsten Touren laufen lassen.

Ich hatte vor ein paar Jahren Gespräche mit einem Mann, den ich nie persönlich traf, der mich aber immer wieder telefonisch anrief und in diesen Ferngesprächen über nervöse Zustände und Erschöpfung klagte. Jedes Mal versuchte ich, ihm etwas Hilfreiches zu sagen, und verschaffte ihm anscheinend vorübergehend Erleichterung.

Aber er telefonierte immer häufiger, und bald erkannte ich, daß er sich an mich anlehnte und ich für ihn eine Art psychologischer Vater geworden war, bloß weil er meinen Wunsch spürte, ihm zu helfen. Da aber jedermann auf seinen eigenen Füßen stehen muß, gab es für diesen Mann nur eine Lösung, sein Problem Gott zu übergeben.

«Sagen Sie mir doch etwas, das mir helfen kann, meine Nervosität zu verlieren», wiederholte er immer wieder verzweifelt. «Der einzige Weg, um etwas Erleichterung zu finden, ist der, daß ich den Telephonhörer abhebe und Ihre Nummer einstelle.» Eines Tages, als er mich wieder anrief, sagte ich: «Anstatt am Telefon mich zu wählen, warum nicht ein Buch wählen, das Sie schon besitzen? Es wird Ihnen viel mehr Gutes erweisen und Ihnen obendrein noch Geld ersparen.» Die Anregung verblüffte ihn, und ich erklärte, daß ich meine, er solle sich an die Bibel wenden, um Hinweise zu bekommen, die dazu bestimmt seien, seine Spannungen vermindern zu helfen.

«Immer, wenn Sie nicht schlafen können und von Nervosität und Angst erfüllt sind, dann rufen Sie das Buch an und lesen Sie die Bibelworte. Lesen Sie laut und stellen Sie sich vor, wie die Worte zu der Quelle Ihrer Nervosität vordringen und Ihnen Frieden bringen.»

Eine der Stellen, die ich ihm vorschlug, ist das 4. Kapitel im Markus-Evangelium, das schildert, wie Jesus und die Jünger von einem heftigen Sturm auf dem Meer überrascht werden. Die Jünger waren alle von Furcht erfüllt, während sich Jesus unbesorgt schlafend im Heck des Schiffes befand. Sie riefen aufgeregt: «Meister, fragst du nichts danach, ob wir untergehen?»

Er stand auf und besänftigte Wind und Meer, und der Wind legte sich. Dann stellt der Evangelien-Schreiber in genialer Einfachheit fest: «Und es war eine große Stille.»

Man fragt sich, ob jene Stille die Wellen des Meeres betraf oder vielleicht die Herzen der Männer, was eine noch tiefere Bedeutung ergäbe. Sicher tat sie sich in ihrer wiederhergestellten Fassung kund. Nun sahen die Wellen gar nicht mehr erschreckend aus. Kein Wunder, daß sie untereinander sagten: «Wer ist der, dem Wind und Meer gehorchen!»

*Es ist Jesus, der Wellen und Sturm auch in unserem Gemüt besänftigen kann. In welcher schwierigen Lage wir uns auch befinden, nie werden wir fehlgehen, wenn wir ein Buch wählen, das uns weiterhilft.*

Nervöse Spannung hat verschiedene Ursachen und äußert sich auf viele, scheinbar merkwürdige Arten. Aber sie ist heilbar, wenn alle Sachverhalte und Ursachen systematisch zusammengetragen und analysiert werden und wenn wir die richtige Einstellung erreichen.

In nicht wenig Beispielen habe ich über Jahre die enge Beziehung zwischen Schuld und Belastung beobachtet. Jemand wird beteuern, er habe, abgesehen von «ein paar Episoden», ein gutes Leben geführt, und «sicher mache es den Anschein, Altes, Vergangenes sei längst erledigt».

*Aber seltsamerweise scheint manches doch nicht erledigt zu sein. Es gärt im Unterbewußtsein, und geistige Gifte entwickeln sich.*

*Das feine Gleichgewicht von Nerven und Gefühlen, Herz und Verstand ist gestört, und es entstehen Spannungszustände.*

Lowell Thomas berichtete mir eine bemerkenswerte Geschichte von einem Mann, der einen Zahnarzt in New England City aufsuchte. Ein kleiner Bohrer zerbrach im Munde des Patienten. Der Zahnarzt glaubte, er habe alle zerbrochenen Teile entfernt, aber etwa fünfzehn Jahre später klagte der Patient über einen Schmerz in der Schulter. Eine Röntgenuntersuchung ließ im Oberarm einen dunklen Gegenstand erkennen, der sich als ein Stück des Jahre zuvor zerbrochenen Bohrers herausstellte.

In gleicher Weise kann ein «Schuld-Splitter» im Unterbewußtsein stecken bleiben; später mag man sich der Ursache des gefühlsmäßigen und seelischen Schmerzes gar nicht mehr bewußt sein, bis eine geistige Operation vorgenommen wird. Dann läßt die Spannung nach, und die seelische und körperliche Gesundheit stellt sich wieder ein.

*Aber eben, Giftherde oder Splitter im Unterbewußtsein können nicht anders als durch geistige Wandlung entfernt werden.*

Ich will damit nicht andeuten, daß Spannung nur durch Schuld verursacht wird. Schuld ist nur eine der verschiedenen Ursachen. Des Lebens Nöte und Lasten und angesammelte Schwierigkeiten können sich so schwer auf das Gemüt legen, daß Spannungen entstehen. Man wird nervös und reizbar. Auch hier hilft in vielen Fällen geistige Therapie. Sie ändert unser Verhalten und ersetzt Spannung durch inneren Frieden.

Unter den vielen Beispielen, die ich erlebte, sticht besonders eines hervor: Ich war beauftragt worden, in einer Stadt einen Vortrag zu halten, und traf in der Hotelhalle einen Mann, den ich nur flüchtig kannte. Er war ungefähr vierzig Jahre alt, eine gutaussehende männliche Erscheinung und die Verkörperung der Gesundheit selbst. Er stellte mich seiner hübschen Frau vor. Sie war vielleicht ein paar Jahre jünger als er.

Ich fragte sie nach ihrem Befinden, und sofort begann sie mir ausführlich zu berichten, wie schlecht sie sich fühle. Ihr Mann, der vermutlich bei früheren Gelegenheiten diesen unglücklichen Bericht schon gehört hatte, entschuldigte sich und bat mich, ein paar Minuten mit ihr zu sprechen, bis er zurückkehre.

Und dann zählte sie auf, warum sie sich immer so elend fühle, und berichtete von ihren Ängsten und Spannungen. Sie hatte entsetzliche Angst, ihr Mann sei, entgegen seiner gesunden Erscheinung, von einem unmittelbar bevorstehenden Herzanfall bedroht, da man ihr gesagt hatte, Männer seines Alters und mit seiner Verantwortung würden «wie Fliegen sterben.» In der Nacht liege sie stundenlang wach und lausche, um festzustellen, ob er noch atme.

Als ich ihr zuhörte, hatte ich das merkwürdige Gefühl, eine Art grauer Schleier bedecke ihr Gesicht. Selbstverständlich war in Wirklichkeit kein solcher Schleier vorhanden. Der Eindruck entstand vielleicht durch ihre unglückliche Geisteshaltung. Sie sagte mir auch, ihr Gesicht zucke ständig und ihre Augen würden wie Feuer brennen.

Ich konnte weder ein äußeres Anzeichen von Zucken der Gesichtsmuskeln noch eine Rötung der Augen erkennen. Aber sie schien wirklich darunter zu leiden. Endlich schloß sie ihren verzweifelten Bericht, indem sie sagte: «Es ist unmöglich zu beschreiben, wie angespannt ich mich nervlich fühle.»

Da ihr Mann noch nicht zurückgekehrt war, schlug ich ihr vor, sich in der Halle hinzusetzen. Ich sann nach Hilfe und fragte sie, ob sie an die wirkliche Gegenwart Gottes glaube. Sie antwortete: ja, sie glaube daran. Dann fragte ich weiter, ob sie glaube, durch die schöpferische Kraft des verwandelnden Geistes geheilt werden zu können, wenn sie auf Gott vertraue, da der Arzt ja vermutete, ihre Schwierigkeiten seien weitgehend in ihrer Gedankenwelt begründet. Sie bejahte diese Möglichkeit, vorausgesetzt, daß ihr Glaube groß genug sei.

Ich erklärte ihr, ihre Ängste seien zu einer quälenden, fixen Idee geworden und sie halte besessen an solchen Zwangsvorstellungen fest. Es gebe nur eine Möglichkeit, sich davon zu befreien, wenn sie ihre Zwangsvorstellungen durch neue wirkungsvolle Gedanken ersetzen könnte. Die richtigen Gedanken finde sie in der heilenden Gegenwart Gottes.

Einige Monate später traf ich ihren Mann an einer Tagung, an der ich einen Vortrag hielt. Begeistert berichtete er: «Die geistige Behandlung, die Sie meiner Frau gaben, hatte eine äußerst bemerkenswerte Wirkung. Als Mädchen war sie lustig und glücklich und besaß einen tiefen Glauben. Jedermann liebte sie wegen ihres ausgeglichenen Charakters. Dann erlebten wir einige Enttäuschungen und hatten mit Schwierigkeiten zu kämpfen. Sie verlor ihren geistigen Ankerplatz, und schließlich geriet sie in die tiefe Krise, in der Sie sie angetroffen haben. Aber nun scheint sie allmählich die Spannung, unter der sie monatelang litt, überwunden zu haben. Es geht ihr täglich besser.»

Die Veränderung entstand, weil diese Frau ihre Seele öffnete für eine stärkere Kraft, nämlich den Glauben. Und daraus ergab sich die Heilung. Es ist sehr wichtig, klar zu erkennen, daß Spannungen tiefere Ursachen haben kann als äußere Umstände.

Spannung kann aus alten und scheinbar vergessenen Erlebnissen entstehen, die damals schmerzten und sich vielleicht zu einem Groll gesteigert hatten. Natürlich bringen wir selten unsere gegenwärtigen Spannungen mit alten Erlebnissen in Verbindung. Bei jedem Bemühen, Spannungen zu beseitigen, sollten wir aber auch die Möglichkeit prüfen, ob nicht scheinbar vergessener Ärger eine Rolle spielen könnte.

Ein junger Mann, der über akute Spannungen klagte, sagte mir, er fühle sich wie ein straff gezogenes Gummiband. Und er sei diesem Zustand einfach nicht mehr gewachsen. Das ärztliche Untersuchungsergebnis war zwar nicht besonders gut, zeigte aber körperlich nichts Ernsthaftes. Es war dieser innere Druck, der ihm zu schaffen machte.

Sowohl beim ersten Gespräch wie auch in einem späteren, als wir seine Vergangenheit analysierten, sprach er wiederholt von einem Mann, mit dem er früher zur Schule gegangen war. Es schien, jener Junge habe ihn damals in der Entwicklung weit überflügelt. Dieser ehemalige Mitschüler bekleidet heute eine eher bescheidene Stellung, während unser Freund Leiter eines recht bedeutenden Unternehmens war. Er hatte schließlich in mühsamer Anstrengung seinen alten, als Rivalen betrachteten Mitschüler überholt, hegte aber gegenüber diesem immer noch deutliche Minderwertigkeitsgefühle und Groll.

Als ich meine Ansicht äußerte, seine Spannungen könnten von tiefen, unbewußten, feindseligen Gefühlen gegenüber dem andern Mann stammen, stieß er erregt hervor: «Ich habe das noch nie ausgesprochen, aber ich hasse diesen Kerl.»

Es war ein heftiger Ausbruch, und ich ermutigte ihn, weiter zu reden. Er schüttete Affekte lang aufgestauter Feindschaft aus, und es wurde deutlich, daß sein ganzes Leben wirklich auf einem Wettstreit mit dem andern gegründet war. Ein eindeutiger Fall, wie Haß, verbunden mit Minderwertigkeitsgefühlen, sich zu einer fixen Idee auswachsen kann. Der unbewußte Haß erzeugte in ihm die unheilvollen Spannungszustände.

«Wie kann ich diesen Zustand überwinden?» lautete seine Frage.

«Ich denke, die Antwort ist einfach, lassen Sie Ihren Groll, Ihre Feindschaft, Ihre Abneigung und Ihren Wettstreit fahren. Dann wird sich Ihr Zustand von selber normalisieren», sagte ich, nahm ein Gummiband und dehnte es, so stark ich konnte, um es aber dann sofort wieder loszulassen, um ihm die Wirkung der Entspannung zu zeigen.

«Was Sie von mir fordern, ist leichter gesagt als getan», bemerkte er kritisch. «Ja», pflichtete ich bei. «Die einzige Methode ist, den Haß hinaus- und den früheren Feind hineinzubeten. Sie müssen für ihren Mitmenschen beten lernen, um damit ernst zu machen.

Er saß still da, dann sagte er: «Deshalb kam ich zu Ihnen. Ich wußte, daß Sie mir sagen würden, ich solle das tun. Auf Ihren Vorschlag bin ich dazu bereit und werde auch ehrlich darauf hin wirken. Ich glaube, ich kann es.»

Er gab mir die Hand und war schon am Hinausgehen, als er sich wieder umdrehte und an mein Pult zurückkam. «Darf ich jenes Gummiband haben?» fragte er. «Ich will es in schlaffem Zustand einrahmen, damit es mich immer daran erinnert, entspannt zu sein. Warum denn gespannt sein, wenn es nicht notwendig ist?»

In der Tat, warum?

Andauernde Spannung beeinflußt und strapaziert den Menschen von heute. Wenn wir uns unsere Kraft erhalten wollen, um unseren Aufgaben gewachsen zu sein, und wenn wir auf lange Sicht fit sein möchten, dann müssen wir auf das Zusammenspiel aller Faktoren, die unsere körperliche und seelische Gesundheit beeinflussen, die notwendige Rücksicht nehmen.

Im Grunde genommen geht es ja nur darum, auf geistiger Grundlage unsere Persönlichkeit zu entwickeln. Dann haben wir bereits Kraft gewonnen und sind gewappnet. Die dramatische und radikale Umkehr ist in den meisten Fällen nicht notwendig. Grundsätzlich genügt es, wenn wir den Glauben an unsere Fähigkeit, stark und gewappnet zu sein, stärken. Und der Erfolg bleibt nicht aus, wenn wir ausdauernd daran festhalten.

Wenn wir das Gefühl haben, daß ausgerechnet wir ein hartes Los haben, dann ist es Zeit, uns selbst einmal ins Gebet zu nehmen und uns zu fragen, wo eigentlich die Schwierigkeiten stekken. Vielleicht machen wir es uns selbst so schwierig. Dennoch neigen wir dazu, dafür andere oder die allgemeinen Verhältnisse verantwortlich zu machen, auf alle Fälle Mächte, auf die wir keinen Einfluß haben. In Wirklichkeit aber liegt die Lösung unserer Probleme nicht außerhalb unserer Kontrolle, vielmehr steckt das Problem in uns selbst. Emerson sagte: «In jedem Menschen steckt ein Grund für sein Schicksal – sei es nun gut oder schlecht.» Denke daran!

Aus dem Buch «Das JA zum Leben» von Norman Vincent Peale

# Wie man sich von Depressionen befreit

*Jeder Mensch kann seine Depressionen in Kraft umwandeln, wenn er aus tiefstem Herzen von diesem Wunsch beseelt ist; und wenn er alles versucht, dies zu erreichen.*

Wettervoraussagen sind wie das Leben. Sie kennen doch sicher: «Wolkig, gebietsweise Regen mit gelegentlichen Aufhellungen.» Klingt es nicht, als ob es sich um unser eigenes Stimmungsbarometer handelt? Am Wetter können wir nichts ändern. Wohl aber lassen sich unsere Stimmungen beeinflussen. Warum schieben wir an trüben Tagen nicht einfach ein seelisches «Hoch» ein? Bedrücktheit und Depressionen lassen sich so am leichtesten überwinden.

Es gibt verschiedene Arten von Depressionen. Schwere Depressionen äußern sich durch anhaltende Schwermut, Lebensangst, ständige Verzweiflung, Lethargie, krankhafte und grundlose Selbstkritik, verzögerte Reaktionen des

Geistes und des Körpers. Ein Mensch, der daran leidet, braucht eine psychosomatische Behandlung. Wir wollen uns hier auf die leichten Fälle beschränken, die weiter verbreitet sind, als wir annehmen. Nahezu jeder Dritte leidet heute darunter.

Die Symptome leichter Depressionen zeigen sich als Bedrücktheit, Einsamkeitsgefühl, Hoffnungslosigkeit, Minderwertigkeitskomplexe und mangelnde Lebensfreude. Leicht depressive Menschen äußern immer: «Was soll's? Es wird ja doch nie besser werden.»

Mir liegt daran, etwas Licht in das Dunkel zu bringen. Das wirksamste Mittel gegen Depressionen ist, zu glauben, zu lieben und zu hoffen, statt zu verzagen. Je hoffnungsvoller Sie sind, um so schneller werden sich Ihre Depressionen verflüchtigen. Und wenn die gewonnene innere Zuversicht zur Gewohnheit wird, erschließen Sie sich wieder die Freuden des Lebens.

Am besten ist es, sich schon am Morgen beim Aufwachen auf den neuen Tag zu freuen und sich zu sagen «Gott ist nicht fern von mir, er ist ganz nahe, er wartet auf meine Bereitschaft, seine Nähe zu spüren. Nur wenn Gott fern ist, entsteht Mutlosigkeit und Niedergeschlagenheit. Es kann hell werden in mir, und der Tag wird licht, wenn ich nur will.»

Wenn Sie zuversichtlich denken, befinden Sie sich bereits auf dem richtigen Weg. «Aber», werden Sie einwenden, «man kann sich doch nicht selbst etwas einreden.» Natürlich können Sie das! Ihre geistige Einstellung ist doch sehr von Ihrem Denken und Fühlen abhängig. Wenn Sie den ganzen Tag nur mißmutig und pessimistisch denken, werden Sie auch allen gegenüber mißmutig, pessimistisch und negativ eingestellt sein.

Indem man sein Herz Gott öffnet, kehrt auch ein anderer Geist ein.

Natürlich darf man dabei die realistischen Tatsachen des täglichen Lebens nicht übersehen. Doch wenn wir Gott vertrauen, lösen wir auch unsere täglichen Aufgaben. Es ist erstaunlich festzustellen, wie ein hoffnungsvoller Mensch Dinge ins richtige Lot bringt, im Gegensatz zu anderen, die vor Hindernissen kapitulieren.

Unser Körper, unser Geist und unsere Seele benötigen immer wieder eine vollständige Erneuerung: richtige Ernährung, richtige Bewegung, richtiges Denken, richtiges Beten, richtige Lebensführung, richtige neue Einstimmung. Alle diese Dinge sind notwendig, uns mit neuer Lebensenergie zu füllen.

Wenn ein Klavier verstimmt ist, kommt der Klavierstimmer, um alle Saiten in die richtige

Tonlage zu bringen. Genauso ist es beim Menschen; klingen die Saiten der Seele nicht harmonisch, dann sollten sie in Ordnung gebracht werden.

Mein alter Freund und Hausarzt sagt: «Um richtig zu klingen, muß man richtig gestimmt werden.» Sein Rezept ist folgendes: «Jeden Tag mindestens fünf Minuten Körpertraining und fünf Minuten Besinnung, ob man in allen Dingen mit Gott übereinstimmt.» Es gibt wirklich keine bessere Medizin, als täglich Körper und Seele in Einklang zu bringen.

In Florida hielt ich einen Vortrag für Marine-Flieger. Ich wurde in einem Düsenflugzeug mitgenommen. Was für eine Anstrengung, bis man dafür richtig angezogen ist! Zur Ausrüstung gehörten eine Rettungsweste mit Lichtsignalen im Falle eines Unglücks. Außerdem erfolgten haargenaue Anweisungen, wie die Weste bei einem Absturz ins Meer aufzublasen ist.

Sie schnallten mir einen Fallschirm um, stülpten einen Helm über, der meine Ohren bedeckte, und wiesen mich an, meine Füße auf einen Verschluß zu stellen, ebenso einen Finger auf dem Auslöseknopf zu halten, so daß ich, falls wir abstürzen sollten, nur durch einen Knopfdruck aus dem Flugzeug geschleudert werden würde.

Während dieser Vorbereitungen machte sich bei mir eine gewisse innere Spannung bemerkbar. Dann setzten sie die Sauerstoffmaske auf, klappten das Dach zu, und da saßen wir nun, hermetisch eingeschlossen. Zum ersten Mal in meinem Leben mußte ich gegen Platzangst kämpfen.

«Ist das nicht herrlich?» rief mir der Pilot zu.

«Habe mich noch nie in meinem Leben so gefühlt», rief ich zurück und versuchte, meine Platzangst zu überwinden.

«Es wird der Flug Ihres Lebens», rief er voller Begeisterung, «denn wir fliegen in eine neue Welt.»

Aufheulend jagten wir über die Piste und stiegen mit einer rasenden Geschwindigkeit steil in die Lüfte. Noch nie hatte ich so etwas erlebt. «Sobald ich ein Steigeloch finde, werden Sie eine neue Welt erleben», sagte der Pilot.

Er fand das Loch, und wir stiegen hoch, höher, steil in das Firmament. Jetzt erkannte ich, was er gemeint hatte. Wir befanden uns tatsächlich in einer neuen, anderen Welt. Ich hatte das Gefühl, bewegungslos im grenzenlosen Blau des Himmels zu schweben. Nicht einmal ein Geräusch, nur ein leises Summen war zu vernehmen. Wir flogen schneller als der Schall. Unwillkürlich mußte ich an einen Spruch von Wordsworth denken: «Ich wanderte einsam wie eine Wolke.»

Plötzlich stieg in mir die gleiche Begeisterung auf wie in Marineflieger-Hauptmann «Smoke» Strean, einem der besten Piloten der Marine, und ich rief ihm zu: «Es ist herrlich! Für nichts in der Welt möchte ich dieses Gefühl missen. Diese Freiheit, dieses Losgelöstsein von allem Irdischen! Wirklich (und ich suchte nach der besten Beschreibung, die ich finden konnte), es ist ein großartiges seelisches Erlebnis.»

«Genau das ist es», rief er zurück, «ein seelisches Erlebnis.» Und er fuhr fort: «Für dieses Erlebnis, dieses neue Weltgefühl, bilden wir unsere Schüler aus.» Und er beschrieb es mit dem Satz: «Wir führen einen Schüler Schritt für Schritt so lange, bis er zuletzt begreift, nicht mehr an die Erde gebunden zu sein.»

Eine der wichtigsten Erkenntnisse in unserem Leben ist die Entdeckung, daß auch wir von Gott Schritt für Schritt so lange geführt werden, bis wir uns nicht mehr erdgebunden fühlen. Welches Erlebnis kann größer sein als diese Erkenntnis um eine höhere Macht, die uns über jede Depression des Lebens erhebt!

Eine Frau, die ich nach dem Geheimnis ihrer glücklichen Natur fragte, sagte mir: «Es ist etwas, was ich von einer lieben älteren Negerin, die vor Jahren bei mir im Süden lebte, gelernt habe. Sie pflegte zu sagen: ‹Erhebe dich über die alltäglichen Dinge des Lebens.›»

Das ist wirklich ein weiser Ratschlag. Wenn wir über den Dingen des Lebens stehen, werden wir kaum mehr mit Depressionen zu tun haben.

Ein Arzt in Alabama schrieb mir: «75 Prozent meiner Patienten benötigen weder das Chirurgenmesser noch ein Medikament. Sie brauchen Gott.» Dieser Arzt sagt, daß ein großer Teil der Krankheiten, mit denen er zu tun hat, auf krankhaften Gedanken beruhe, die häufig das Gemüt bewegen. Natürlich braucht ein Kranker öfters ein Medikament und zuweilen das Chirurgenmesser. Aber genauso braucht er Gottes Hilfe, um schädliche Gedanken wegzuscheuchen. Wir können durch falsches Denken erkranken und gesund werden durch richtiges Denken.

Dr. John A. Schindler erzählte den Fall eines Händlers, der zu ihm in die Klinik kam und über heftige Magenschmerzen klagte. Eine körperliche Ursache konnte nicht festgestellt werden, die Schmerzen beruhten auf seelischen Störungen. Der Grund seiner Erkrankung war die Eröffnung eines großen Supermarkts in der

Nähe seines Ladens. Er glaubte sich dadurch stark beeinträchtigt.

Zweimal im Jahr fuhr er regelmäßig nach Wisconsin zum Fischen. Fünf Meilen außerhalb hielt er stets seinen Wagen an, sah auf seine Stadt hinunter und hatte immer noch Schmerzen. Aber wenn er die andere Seite des Hügels hinunterfuhr, hörten die Schmerzen auf. Dic Schmerzen fingen erst dann wieder an, wenn er auf der Rückfahrt dieselbe Stelle erreichte.

Da er ja nun nicht immer fischen gehen konnte, um sich von seinen Schmerzen zu befreien, mußten ihm die Ärzte beibringen, wie er sich seiner Schwarzseherei, seiner negativen Denkweise entledigen könne. Sie verhalfen ihm zu positivem Denken und zu einer neuen Lebensphilosophie.

Dr. Schindler drückt es folgendermaßen aus: «Wir behandelten die Befürchtungen dieses Mannes, und er wurde gesund.»

Der Arzt erläutert, wie man durch die Kraft der Gedanken in sich selbst ein Gefühl des Wohlbefindens auslösen kann. «Gehen Sie nach Hause und setzen Sie sich in den bequemsten Stuhl, den Sie besitzen; dann machen Sie sich bewußt eine Stunde lang Sorgen. Entweder bekommen Sie einen steifen Hals, oder Sie empfinden woanders Schmerzen. Einige Menschen sind am Hals empfindlich, andere in der Nase. Sie können sogar eine Reizung der Nasenschleimhäute entwickeln.»

Falsche Einstellung kann körperliche Symptome hervorrufen und physisch beeinflussen. William James beschreibt das in seiner berühmten Definition über Gemütsbewegungen als «ein Geisteszustand, der sich in einer fühlbaren Veränderung im Körper bemerkbar macht». Dr. Schindler empfiehlt zur Heilung psychosomatisch bedingter Erkrankungen, die durch Angst, Besorgnis und Enttäuschungen hervorgerufen werden, diesen aufbauende Empfindungen wie Vertrauen, Freude und Hoffnung entgegenzusetzen. «Die geistige Umstellung ruft Veränderungen hervor, die uns das erforderliche Wohlbefinden vermitteln.»

Ein Mann aus dem Hinterland Amerikas hatte kurz hintereinander drei vernichtende Schläge erlitten. Zuerst machte er wegen eines unloyalen Partners Bankrott, dann fiel sein Sohn im Krieg, und schließlich starb ganz plötzlich seine Frau. Alles zusammen war mehr, als er ertragen konnte. Er war völlig zusammengebrochen und bewegte sich wie ein Blinder in einer unrealen Welt. Er konnte nicht begreifen, daß gerade ihm derartig schreckliche Dinge passierten.

Trotz aller Bemühungen seiner Freunde ließ er sich völlig gehen. Er besaß keine Energie mehr, interessierte sich für nichts und lebte ohne Hoffnung. Er war zutiefst deprimiert. Monate vergingen. Doch schließlich entschloß er sich, einige Tage in New York zu verbringen, in der Hoffnung, ein Ortswechsel könnte ihm Erleichterung bringen.

Später erinnerte er sich noch an einen Samstagabend, an dem er sich eine der beliebtesten Shows der Stadt angesehen hatte. Aber er blieb unbeeindruckt. Er empfand nur Langeweile. Dann besuchte er einen bekannten Nachtklub, auch ohne Erfolg. Sonntagmorgen ging er in eine Kirche. Er konnte sich nicht erinnern, was an diesem Morgen in der Kirche gesagt wurde. Seine Depression war so tief, daß er sich weder konzentrieren noch zuhören konnte. Aber sein Unterbewußtsein nahm etwas auf, was ihm neue Kraft gab. Die heilende Atmosphäre des Gotteshauses blieb nicht ohne Einfluß. Ganz plötzlich verlor sich die Betäubung, und es überkam ihn ein Gefühl der Erleuchtung und Befreiung.

«Es war, als ob ein starkes Licht um mich herum aufleuchtete. Mir wurde ganz leicht zumute, als ob ich in ein anderes Daseinsreich gehoben würde. Ich fühlte neue Lebenswogen über und um mich, die mein innerstes Wesen durchdrangen.»

Er suchte nach Worten, um dieses Erlebnis zu beschreiben, was kaum in Worte zu fassen ist. «Ein schwerer Druck wich von mir, und ein Gefühl unendlicher Erleichterung überkam mich. Friede zog ein.»

Als er aus der Kirche in die äußere Welt zurückkehrte, fühlte er, wie neue geistige und körperliche Kräfte in ihn einströmten. Er kehrte als Verwandelter nach Hause zurück.

Die Kräfte, die dieser Mann nach seinem Wiederaufleben spürte, waren natürlich schon immer in ihm vorhanden. Sie waren nur durch das Ausmaß an Kummer, Enttäuschung, Selbstmitleid und Depressionen begraben worden. Stimmung und Atmosphäre in der Kirche schufen die Voraussetzungen, die ihn völlig befreiten.

Die Befreiung von Depressionen erfolgt nicht immer unter so dramatischen Umständen, aber unser Unterbewußtsein hilft uns, wenn wir uns nur öffnen können, um heilende Gedanken einzulassen.

Jeder Mensch kann Depressionen in Kraft umwandeln, wenn er diese Umwandlung wirklich herbeisehnt, wenn er sich im Glauben stärkt und wenn er willens ist, Hilfe anzunehmen. Die enormen Kräfte des Geistes werden nur frei, wenn wir selber dazu beitragen.

Daß man durch die eigene Umstellung Depressionen besiegen kann, zeigt das Beispiel eines Mannes, der jahrelang Alkoholiker war. Er hatte sich physisch und finanziell völlig ruiniert. Früher war er Direktor einer großen Handelsorganisation gewesen, doch jetzt war er am Ende. Im Spital hatte man ihm von einem Mann in Brooklyn erzählt, dem es schon mehrmals gelungen war, Menschen von ihrem Trinkerproblem zu befreien. Es handelte sich um «Bill», den Begründer der Anonymen Alkoholiker-Liga. Zu der Zeit hatte Bill jedoch sein großes Werk noch nicht ganz vollendet.

«Ich suchte ihn auf», erzählte der Trinker, «weil ich mit aller Kraft gesund werden wollte, doch ich war grenzenlos deprimiert. Ich hoffte, daß Bill nicht anfangen würde, mit mir über Gott zu sprechen, denn ich hatte keine Beziehung zu Gott.

Bill versicherte mir, daß ich meine Krankheit überwinden könne, doch müsse ich mich einer höheren Macht anvertrauen.»

«Damit meinen Sie wohl Gott?» fragte ich.
«Ja, ich meine Gott», antwortete Bill.

«Ich wußte ja, daß Sie mit diesem ganzen Gottgefasel anfangen würden, und daher gehe ich. Ich will nichts mit Gott zu tun haben, und wenn das alles ist, was Sie mir anzubieten haben, sage ich Lebwohl.»

Darauf stampfte der Trinker aus dem Haus und ging bis zur Bahnstation an der Ecke. Während er völlig mutlos die Straße entlangging, murmelte er vor sich hin: «Gott, nur davon können sie sprechen, Gott! Mir wird übel, immer nur von Gott – Gott – Gott zu hören.»

Plötzlich blieb er wie angewurzelt stehen, geblendet von einem überwältigenden hellen Licht. Es schien von der Straße aufzusteigen, der Bürgersteig verschwamm. Um ihn herum eine Lichtwolke. Das glänzende Licht spiegelte sich auf den Gesichtern der Passanten, den Häusern, es strahlte von überall. Wie betäubt schwankte er die Treppe hinunter und entdeckte, daß das gleißende Licht auch die sonst so trübe Untergrundbahnstation erhellte. Er fühlte sich eingeschlossen in Licht. Er rieb sich die Augen und fragte sich ängstlich: «Was ist bloß los? Werde ich blind? Werde ich verrückt?» Er sprang aus dem Zug, in den er eingestiegen war, und ging zurück zu Bill.

Noch ganz durcheinander, schilderte er sein Erlebnis und fragte: «Bill, sagen Sie mir, was in Gottes Namen ist mit mir geschehen?»

«Sie haben es schon selbst ausgesprochen», sagte Bill und wiederholte seine Worte. «In Gottes

Namen, es ist etwas mit Ihnen geschehen. Vielleicht sollten Sie sich das Neue Testament besorgen und über Paulus lesen», schlug Bill vor. «Auch er war nicht gut auf Gott zu sprechen. Er verfolgte sogar die Anhänger Christi. Auf dem Wege zu weiteren Verfolgungen erstrahlte plötzlich ein großes Licht, und Paulus fiel zur Erde. Das ist auch eine Art, wie Gott sich den Menschen mitunter zeigt, in einem Lichtstrahl.»

Von diesem Tage verfiel er nie wieder dem Alkohol. Die Depressionen verschwanden, so wie die Sonne den Nebel aus den Tälern treibt. Eigentlich hatte er nur leichthin gesagt, daß er nichts von Gott wissen wolle. In seinem tiefsten Innern sehnte er sich nach Gott. Seine Lippen formten Worte gegen Gott, aber sein Herz sprach die ganze Zeit: «Ich brauchte ihn so dringend.» Er erlangte das, was er in seinem tiefsten Unterbewußtsein wirklich erhoffte, nämlich Gott.

Das helle Licht, das seine Wandlung hervorrief, leuchtete natürlich nicht wirklich in den Straßen von Brooklyn oder im U-Bahn-Schacht. Das Licht, das ihm begegnet war, ging in ihm selber auf. Es war ein mystisches, inneres Licht, und seine strahlende Helle stand im Gegensatz zu den Schatten seiner schweren Depressionen, die vorher sein Gemüt belastet hatten. Diese tiefe umwälzende Begegnung mit Gott verwandelte seine Persönlichkeit und füllte ihn mit lebensspendenden Kräften. Für ihn begann ein neues Leben.

Ein bedeutender Wissenschaftler, der erfolgreich Psychosen behandelt, sagt, seine Methode bestehe darin, jeden schwachen Gedanken durch einen starken, jeden negativen Gedanken durch einen positiven, jeden Gedanken des Hasses durch einen wohlwollenden, einen düsteren durch einen lichten Gedanken zu ersetzen.

Es lohnt sich, über die eigenen Gedanken zu wachen, sie zu analysieren, ob sie konstruktiv oder destruktiv sind, und die destruktiven in positive Gedanken umzuwandeln.

Ich erhalte viel Post von Menschen aus aller Welt, die mir bestätigen, wie positive Gedanken die depressiven Gedanken vertreiben und das Leben verändern können. Hier sind zwei Briefe aus meiner täglichen Post:

«Mein Brief unterscheidet sich sicher ein wenig von denen, die Sie sonst bekommen. Ich besitze alles, was das Leben wunderbar und lebenswert macht. Gott und ich sind ganz persönliche Freunde. Ich kann alles, was ich möchte, für andere tun, dank Seiner segensreichen Hilfe. Ich habe einen liebenswerten Ehemann, eine reizende Tochter und eine Anzahl sehr lieber Freunde. Ich singe, spiele Klavier und halte

Vorträge. Ich bete, daß ich denen Segen bringe, die Segen brauchen. Was könnte man mehr vom Leben verlangen?

Nebenbei bemerkt, ich bin blind...»

Glücklicherweise sind wenige von uns blind geboren oder erblinden. Doch wir alle werden älter – und das Altern mit seinen Problemen erscheint vielen niederdrückend. Der andere Brief meines Freundes Joe Mezo zeigt, wie ein Mann das Alter und Pensionierungsproblem bewältigt, daß für viele von uns eine schmerzliche Erfahrung bedeutet.

«Ich erreichte das Pensionierungsalter von 65; und gegen meinen Wunsch mußte ich aufhören, bei der Bank zu arbeiten, in der ich 24 Jahre tätig war. Ich möchte nicht im einzelnen darüber sprechen, wie mir zumute war. Mein Abgang ereignete sich an einem trüben und regnerischen Abend. – Auf dem Heimweg war ich sehr deprimiert und fühlte mich so überflüssig wie nie zuvor im Leben.

Doch plötzlich fühlte ich, daß ich doch nicht allein war. Meine innere Stimme sagte mir: ‹Gott ist mit dir!› Sofort fühlte ich mich freier. Jeder Regentropfen in den Pfützen verwandelte sich in flimmerndes Licht. Es war wunderschön. Ich ging ganz getröstet nach Hause und habe seither das Gefühl, daß mir jemand zur Seite steht und mich beschützt.

Ungefähr zwei Wochen später rief mich eine andere Bank an, und man bat mich, das Kredit-Departement zu organisieren.

Ich bin jetzt 69 Jahre alt und bei guter Gesundheit. Ich fühle, daß das Beste noch vor mir liegt. Gott gibt mir die Möglichkeit zu arbeiten, er gibt mir Kraft und den Mut weiterzumachen.»

Hier finden wir die gleiche lebensbejahende und positive Einstellung. «Ich fühle, daß das Beste noch vor mir liegt!» Dieser Mann ist nicht deprimiert, weil er 69 Jahre alt ist. Er schöpft aus der Quelle des Lebens.

Depressionen entspringen einer bestimmten Geisteshaltung. Man ist deprimiert, wenn unsere Gedanken einen Tiefstand erreicht haben. Wie aber sollen wir den Tiefstand der Gedanken verändern? Dadurch, daß wir glauben, statt zu zweifeln. Glaube ist immer stärker als Depressionen; und wenn wir uns daran halten, werden wir die dunklen Gedanken aus unserer Seele vertreiben.

Schon die einfache Vorstellung, daß Gott für uns sorgt und uns nicht im Stiche läßt, schützt uns vor depressiven Anwandlungen.

Vor vielen Jahren kämpfte ich selber meinen eigenen Kampf gegen Depressionen. Zu jener Zeit wohnte ich in der unteren Fifth Avenue in New York. Ich pflegte nach dem Sonntagabendgottesdienst nach Hause zu gehen und gelegentlich halt in einem kleinen Drugstore zu machen. Der Inhaber war ein netter, freundlicher und weiser Mann. Ab und zu, wenn ich nicht in Form war, schüttete ich meine Sorgen bei ihm aus: «Wie schlecht habe ich an diesem Abend gepredigt. Niemand wird am nächsten Sonntag zur Kirche kommen.»

Er hörte mich geduldig an und sagte mir, ich sollte es am nächsten Sonntag wieder versuchen. Manchmal kam er in die Kirche, um mich predigen zu hören. Dann, an einem Sonntagabend, als ich meine Predigt für besonders schlecht hielt, ging ich in sein Geschäft und sagte ihm: «Mr. Russ, ich muß mir eine neue Arbeit suchen.»

«Was ist los?»

«Ich glaube, ich sollte mit dem Predigen besser aufhören. Ich schaffe es nicht. Es hat auch keinen Sinn, es weiter zu versuchen. Es ist besser, wenn ich mich nach einer anderen Arbeit umsehe.»

«An was für eine Arbeit haben Sie gedacht?»

Ich beobachtete ihn, wie er Sodagetränke zubereitete, und fragte ihn: «Brauchen Sie einen Mixer?»

«Ja», sagte er, «eigentlich suche ich jemanden.»

«Ich bewerbe mich. Kann ich gleich anfangen?»

«Also los, binden Sie sich eine Schürze um», wies er mich an, «und kommen Sie hinter die Theke und sehen Sie, was Sie fertigbringen.»

Er setzte sich vorn an die Theke und bestellte bei mir ein Schokoladensoda. Ich versuchte schnell die richtigen Zutaten zu finden und mixte sie in einem Glas. Als ich Soda hinzufügte, entstand keine richtige Schaumkrone, doch mir erschien es ganz gelungen. Ich stellte das Glas vor Mr. Russ hin. Er steckte einen Strohhalm hinein und nahm einen großen Schluck. Dann schaute er auf und schüttelte den Kopf: «Besser, Sie bleiben beim Predigen.»

Wir gingen hinter den Ladentisch und setzten uns. «Mein Sohn», sagte er, «jeder Mensch in jedem Beruf erlebt Momente der Verzweiflung. Sie machen genau das durch wie jeder andere auch.» Er griff in seine Brieftasche und zog das Bild einer hübschen jungen Frau heraus. «Nehmen Sie mich, zum Beispiel. Ich verlor sie, nachdem wir nur drei Jahre verheiratet waren. Das

Licht meines Lebens erlosch. Es blieb nichts als Finsternis und Verzweiflung. Dann griff ich zur Bibel und fand eines Tages eine Botschaft, die mich erhellte: ‹Denn er sorget für euch› (I Petrus 5,7). Plötzlich fühlte ich in meinem Herzen, daß Gott für mich sorgt und mich nie im Stich lassen wird.»

Dieses Erlebnis gab ihm Glauben und Vertrauen und half ihm, seine Depressionen zu überwinden. Daraus lernte er drei Dinge, die wirksame Heilmittel bei Mutlosigkeit sind: erstens, denke recht; zweitens, glaube recht; und drittens, handle recht.

Ein anderer Freund, der Großkaufmann J. C. Penney, fand heraus, daß allein die Hinwendung und das Vertrauen zu Gott Depressionen heilt. Das ist nicht unbedacht und frömmelnd als abgedroschene Phrase gemeint, sondern daß wir aus vollem Herzen unserem Glauben auf Gott setzen sollen. Geben wir einfach zu, daß wir uns nicht allein helfen können, dann sollten wir glauben, daß nur Gott helfen kann und daß diese Hilfe zu uns kommt.

Ich habe erfahren, wie wertvoll es ist, sich immer und immer wieder zu versichern: Gott ist allgegenwärtig und die einzige Macht in meinem Leben. Wenn wir es aufgeben, alles selber machen zu wollen, und Gott sich unser bemächtigt, werden große Dinge geschehen. Vergessen wir nicht, das Wort «glauben» bedeutet, sein ganzes Herz in Gottes Hand zu legen.

Ein Mann verdiente viel Geld und verlor dann einen großen Teil davon. Er machte schwere Zeiten durch. Schließlich wurde er ernstlich krank, erlitt einen Nervenzusammenbruch und mußte in ein Sanatorium. Physisch und psychisch war er fast am Ende. Eines nachts glaubte er, seine letzte Stunde sei gekommen. Er schrieb Abschiedsbriefe an seine Familie. In diesem deprimierten Zustand schien es ihm, als habe ihn jeder im Stich gelassen. Er fühlte sich völlig vereinsamt.

Aber zu seiner großer Überraschung war er am nächsten Morgen noch am Leben. Als er schwach und niedergeschlagen im Bett lag, hörte er Stimmen, die einen Choral sangen. Er stand auf und schlurfte in die Halle hinunter, in der eine Andacht abgehalten wurde. Es ertönte «So nimm denn meine Hände und führe mich». Er lehnte sich gegen die Tür und dachte: Ich wurde als Christ erzogen. Wird Gott mich führen?

Er ging in sein Zimmer zurück und beschloß, sein Leben ganz in Gottes Hände zu legen. Es kam ihm vor, als löse sich plötzlich eine dichte Nebeldecke auf, und Sonnenlicht breche durch.

In den darauf folgenden Tagen durchflutete ihn ein tiefes Gefühl der Freude. Sein Lebensmut kehrte zurück. Seit Jahren reist er nun durchs Land und erzählt, was Gott alles für die Menschen tun kann.

Schließlich gibt es eine sehr einfache Methode, Depressionen zu überwinden, indem man lernt, sich um Menschen zu sorgen, so wie Gott es tut und ihnen hilft, ihre Depressionen zu beseitigen. Ein Grundgesetz der menschlichen Natur ist jenes, die eigenen Depressionen dadurch zu verlieren, daß man die der anderen überwinden hilft. Es ist zutreffend, daß Liebe die größte aller Tugenden ist, weil sie so einmalige heilende Eigenschaften besitzt. Liebe ist immer ein Symptom des Sich-selbst-Vergessens. Wenn wir die Menschen lieben, vergessen wir unsere eigenen Nöte. Wenn wir uns die Sorgen anderer zu Herzen nehmen, dann verlieren wir unsere Nöte, und die Depressionen verflüchtigen sich. Darum sagt uns die Bibel immer wieder, einander zu lieben.

Einer der glücklichsten Menschen, die ich je gekannt habe, war der verstorbene Professor Hugh M. Tilroe. Er war ein Hüne und erschreckte seine Studenten oft durch seine rauhe Art, doch er war gütig und hatte das Herz auf dem rechten Fleck.

Ein Seelsorger, der einen schweren Schicksalsschlag erlitten hatte, erzählte mir die traurige Geschichte seiner Frau, die – zwar schön, doch charakterlich sehr schwach – in einen Skandal verwickelt wurde. Als er eines Abends spät nach Hause kam, fand er einen Zettel, auf dem sie ihm schrieb, sie sei entschlossen, mit einem Mann fortzugehen, der sich nicht gerade eines guten Rufes erfreute.

Bis zu diesem Moment hatte der Pfarrer seine Gattin für wundervoll gehalten. Er war völlig verstört und wie betäubt. In seiner Niedergeschlagenheit rief er Dr. Tilroe an. «Rühren Sie sich nicht vom Fleck, bis ich komme», befahl ihm Dr. Tilroe in seiner barschen Art.

Er fuhr die 75 Meilen bis zum Wohnort des Pfarrers und fand ihn noch mit dem zerknitterten Zettel in der Hand am Tisch sitzend. Sie schrieb: «Ich habe nie etwas getaugt. Du bist so wertvoll, aber ich bin eine schlechte Frau, und jeder weiß es außer Dir. Ich habe mich angestrengt, doch ich tauge eben nichts! Es ist besser, wenn ich Dich verlasse. Ich hoffe nur, daß Dich Gott, dem Du so treu dienst, aufrichten wird.»

Professor Tilroe legte seinen Arm um die Schultern des gebrochenen Mannes und sagte in seiner rauhen, aber gütigen Art: «Packen Sie Ihre Sachen und steigen Sie in meinen Wagen!»

Sie fuhren Meilen und Meilen durch die stürmische Nacht, ohne ein Wort zu wechseln. «Ich konnte das Gesicht des Professors, das sich in der Windschutzscheibe spiegelte, sehen», erzählte mir der Pfarrer. «Ich kam mir vor wie ein kleiner Junge mit seinem Vater. Er war so stark. Schon seine Gegenwart tröstete mich.» Sie fuhren bis zur Fischerhütte, die Professor Tilroe am Oneida-See gehörte. Nachdem er die Hütte aufgeschlossen hatte, machte er Feuer, kochte etwas zum Essen und sagte: «Essen Sie, soviel Sie mögen, und dann gehen Sie schlafen.»

«Gehen Sie denn nicht schlafen?» fragte der Pfarrer.

«Nein, ich bleibe noch etwas auf», sagte Tilroe.

Der Pfarrer warf sich unruhig im Schlaf hin und her, und immer, wenn er in dieser langen Nacht aufwachte, sah er Professor Tilroe neben seinem Bett in einem Schaukelstuhl sitzen. Er stand nur auf, um Holz aufs Feuer zu legen. Doch erst am Morgen diskutierten sie das Problem.

«Die ganze Nacht hindurch blieb er auf und wachte über mir», sagte der Pfarrer. «Er gab mir ein Schutzgefühl wie mein Vater.»

Sie werden begreifen, warum am Tage von Professor Tilroes Beerdigung die Kirche bis auf den letzten Platz gefüllt war. Viele hatten durch diesen großen gütigen Mann zu neuem Leben gefunden. Bei so vielen hatte er Depressionen zerstreut, und er selbst war einer der glücklichsten Männer, die ich je gekannt hatte. Während all der Jahre seiner Tätigkeit an der Universität hatte er die Menschen geliebt und ihnen einen Teil seiner selbst gegeben. Als ich einmal tief deprimiert war, sagte er: «Denken Sie an diesen Text: ‹So ihr solches wisset, selig seid ihr, so ihr's tut› (Johannes 13,17). Eines dieser Dinge ist, die Menschen zu lieben. Lieben und helfen Sie ihnen, und Sie werden Ihr ganzes Leben glücklich sein, selbst wenn das Leben schmerzhaft und hart ist.» Er hatte recht. So einfach ist es. Die wahre Antwort auf Niedergeschlagenheit ist die Liebe zu Gott und den Menschen.

*Wie sich von Depressionen befreien?*

1. Statt niedergeschlagen zu sein, sollten wir hoffen, glauben und lieben.

2. Es kann in uns hell werden, wenn wir nur wollen.

3. Richtige Ernährung, richtige Bewegung, richtiges Denken, richtiges Beten, richtig leben. Wir brauchen von Zeit zu Zeit eine neue Einstimmung.

4. Versuchen Sie die Richtung Ihrer Gedanken zu erkennen, und wo es notwendig ist, sie zu ändern.

5. Ersetzen Sie jeden schwachen Gedanken durch eine starken.
   Ersetzen Sie jeden negativen Gedanken durch einen positiven.
   Ersetzen Sie jeden Haßgedanken durch einen Gedanken der Liebe.
   Ersetzen Sie jeden trüben Gedanken durch einen lichten Gedanken.

Jeder Mensch kann bei sich allein durch falsche Einstellung, Enttäuschung, Sorgen und Angst körperliche Beschwerden und krankhafte Symptome hervorrufen, jeder hat aber auch die Möglichkeit, sich selbst davon zu befreien.

*Begeisterung meistert jedes Problem*

Begeisterung ist mehr als eine zufällige optimistische Lebenseinstellung. Sie ist eine feste und unerschütterliche geistige Haltung, die nicht leicht zu erreichen und manchmal auch nicht leicht aufrechtzuerhalten ist, die aber unendlich machtvoll sein kann.

Enthusiasmus, das sinnverwandte Wort für Begeisterung, stammt vom altgriechischen Wort «entheos» ab, und das bedeutet «Gott in uns» oder «erfüllt von Gott».

Unsere berechtigte Erwartung, daß Begeisterung Wunder vollbringen könne, ist also nichts anderes als die Erwartung, Gott möge uns die Klugheit, den Mut und die Zuversicht geben, die nötig sind, um unseren Schwierigkeiten erfolgreich zu begegnen. An uns liegt es dann, herauszufinden, wie wir unsere Tatkraft, unsere Begeisterung und unser Denken bei der Lösung unserer Probleme einsetzen müssen.

Aus dem Buch «Was Begeisterung vermag» von Norman Vincent Peale

# Seelenfriede – Quelle der Kraft und Energie

*«Wir wissen oft nicht, was wir mit unserem Temperament anfangen sollen. Beherrschen wir es, besitzen wir Macht. Beherrscht das Temperament uns, können die Ergebnisse erschreckend sein.»*

So unglaublich es klingt, ein New Yorker Professor stellt sich entschieden gegen den Seelenfrieden. Er behauptet, ihn irritiere all dieses Gerede über Seelenfriede, weil man sich davon leicht blenden lassen könne.

Aber der Professor ist auf dem Holzweg. Seelenfriede bedeutet nicht, sich blenden lassen. Ganz im Gegenteil, Seelenfriede ist eine Energiequelle. Es bedeutet nicht, daß der Mensch sich in eine Traumwelt flüchtet, sondern einen regeren Anteil an der wirklichen Welt nimmt. Es bedeutet nicht ein wirkungsloses Einschläfern, sondern vielmehr eine dynamische Anregung der schöpferischen Aktivität.

Man muß bedenken, daß Seelenfriede die Kräfte unserer Seele befreit und erhöht. Nur ein kühler Kopf ist leistungsfähig, ein Hitzkopf nicht. Ein nervös erregter Verstand kann keine brauchbaren, geordneten Gedanken hervorbringen. Kraft entsteht durch Gelassenheit.

Mark Aurel sagte: «Unter einem ruhigen Geist verstehe ich nichts anderes als einen wohlgeordneten Geist.» Carlyle schrieb: «Schweigen ist das Element, durch welches sich große Dinge zusammenfügen.»

Einer meiner Lehrer gab mir einmal den Rat: «Versuchen Sie niemals in einem erregten Zustand zu denken.» Seither habe ich dies auch anderen Menschen nahegelegt, die ihn mit ausgezeichneten Ergebnissen angewandt haben.

«Unser Geist ist nur dann in Ordnung, wenn er sich mit sich selbst im Frieden befindet», sagt Seneca.

Die Leiterin einer Volksschule für Mädchen empfiehlt ihren Schülerinnen: «Seid ruhig in eurem Innersten.» Sie erklärt den Mädchen, daß die wahre Kraft, dem Leben gewachsen zu sein, sich in jenen tiefen Zentren entwickelt, wo Seele und Geist Gott begegnen.

Die Bibel sagt folgendes: «Sei stille und erkenne, daß ich Gott bin.» (Psalm 46,11) Das bedeutet, räume dem Schweigen in deinem Leben einen Platz ein. Es verhilft zum Seelenfrieden.

Die Kraft des Schweigens, durch die sich unser Seelenfriede entwickelt, ist unschätzbar. Schweigen befruchtet das Innerste, wo die Seele wächst. Ein Leben, dessen Mittelpunkt der Friede ist, kann alle Stürme überstehen und unsere Kräfte entwickeln. Nehmen Sie zum Beispiel den Präsidenten Lincoln. Wodurch lassen sich seine innere Ausgeglichenheit, sein erstaunliches Verständnis, sein außergewöhnlicher Scharfblick erklären? Lincoln wuchs im Schweigen des Waldes auf, der ihm tiefe Geheimnisse zuflüsterte. Man hielt ihm mangelnde Schulbildung vor. Er verstand aber die Kunst des Schweigens und besaß eine Seelentiefe und Geistesbeschaffenheit von bleibender Überlegenheit.

Im heutigen mechanischen Zeitalter können wir uns selten zurückziehen in die Einsamkeit und ins Schweigen. Aber wir können dennoch den inneren Frieden kultivieren, denn tun wir es nicht, so werden wir Opfer der Anspannung. Thoreau sagte: «Viele Menschen leben ihr Leben in stummer Verzweiflung.» Wenn dies zu seinen Zeiten zutraf, um wieviel mehr muß es dann heute Gültigkeit haben! Aus welchem Grunde schreiben wir wohl über den Seelenfrieden? Ganz einfach, weil wir ihn alle brauchen. Als

Dante gefragt wurde, was er im Leben suche, antwortete er: «Ich strebe nach dem, was jeder Mensch sucht – Frieden und Ruhe.»

Vielleicht hat sich der moderne Mensch noch nie so nach Seelenfrieden gesehnt wie heutzutage. Da die Religion, wie sie oft dargeboten wird, den Menschen nicht dem inneren Frieden näherbringt, wenden sich Millionen einem Scheindasein zu, um dieses Sehnen auf ihre Art zu befriedigen. Der Verkauf von Genußmitteln, Surrogaten und Drogen zur Erlangung des «Seelenfriedens» nimmt zum Beispiel ungeheure Ausmaße an.

Während ich dieses Kapitel schreibe, befinde ich mich gerade in Europa und habe eine Ausgabe des Londoner «News Chronicle» vor mir mit der Schlagzeile «Ist Rauschgift die Lösung für kranke Seelen?». Der Zeitungsartikel stellt die Frage an das englische Volk: «Entwickeln wir uns zu einer Nation gewohnheitsmäßiger Rauschgiftsüchtiger? Haben wir nicht bereits den Punkt erreicht, den Aldous Huxley in seiner *Wackeren Neuen Welt* vorausgesehen hat? Wir brauchen nur zu einer Droge zu greifen, wenn wir Sorgen haben, ängstlich oder beunruhigt sind.»

Huxley nannte seine Wunderdroge «Soma». Sie besaß alle Vorzüge des Alkohols, doch keinen seiner Fehler: «Machen Sie Ferien fort von der

Wirklichkeit, wann immer Sie wollen, und kommen Sie zurück ohne eine Spur von Kopfschmerzen.» Euphorie, Narkotikum, angenehme Sinnestäuschung; das war Soma.

Hören Sie sich unsere heutigen Arzneimittelhersteller an, die die Vorzüge ihrer neuen Beruhigungsdrogen in den Reklameschriften für Ärzte anpreisen: «Ein Beruhigungsmittel, welches eine Schranke zwischen die Gefühle des Patienten und seine physischen Probleme stellt.» – «Beunruhigungen und Sorgen werden ersetzt durch eine gleichbleibende Stimmung ungetrübter Gemütsruhe.» – «Gelassenheit tagsüber ohne Hypnose.» – «Beruhigt die innere Erregtheit.»

«Der Mensch tritt in das Atomzeitalter, und seine Gedanken und die Beherrschung seiner Triebe und Gefühle stehen auf der Stufe der Steinzeit. Panik bricht aus. Angst ist die Zeitkrankheit. Anstatt nun zu versuchen, den Patienten klarzumachen, wie sie intelligenterweise mit ihren Ängsten fertig werden können, verschreiben die Ärzte mehr und mehr Beruhigungsmittel, unterstützt und ermutigt durch die Herstellerfirmen.» So schloß der Zeitungsartikel.

Mein Urteil über diesen Artikel ist außerordentlich ernst in bezug auf Ärzte und Hersteller dieser Beruhigungsmittel. Die meisten Ärzte, die ich kenne, schlagen entweder geistige oder psychologische Lösungen vor.

Die schwerwiegende Frage ist, sollen Menschen durch Drogen oder durch Jesus zu ihrem Seelenfrieden gelangen? Ist es besser, die vorübergehende Wirkung einer Pille dem Glauben an Jesus vorzuziehen? Wie kann ein denkender Mensch – es sei denn, er ist völlig unbeteiligt am Elend anderer Menschen – leichtfertig den Seelenfrieden mißachten?

Ich nahm an einem Essen des Rotary Clubs in Interlaken in der Schweiz teil. An meinem Tisch saß ein Arzt. Ich fragte ihn, ob das Überhandnehmen von psychosomatischen Störungen und Krankheiten aufgrund der Überforderung in Europa auch so weit verbreitet sei wie bei uns. «Ach, Sie meinen wohl die Manager-Krankheit?» gab er zurück. Er war der Ansicht, daß jeder, der eine Verantwortung trüge, anfällig sei wegen Überbeanspruchung.

In Amerika wurde festgestellt, daß der durchschnittliche Geschäftsmann sechs Jahre früher stirbt als normalerweise. Vielleicht ist dieser Umstand einer der Gründe, warum so viele Geschäftsleute sich heutzutage wieder den Lehren Christi zuwenden. Sie tun gut daran, denn dadurch können sie in der Tat Seelenfrieden und neue Lebenskraft finden.

In einem Radiovortrag erzählte ich von einem Apotheker, der mir ein Rezeptformular zuschickte, das ein Arzt in Los Angeles für einen Patienten ausgestellt hatte. Auf dem Rezept stand nur «Sei gelassen». Der Apotheker meinte, es wäre wohl das schwierigste Rezept, das je bei ihm vorgelegt wurde. Er erklärte, er hätte keine Pille in seiner Apotheke, die die vom Arzt vorgeschriebene Behandlung garantiere. Ich hatte dem Patienten gesagt, er solle sich lieber an Gott wenden, die Bibel lesen, beten lernen und ein sauberes Leben führen.

Seit ich von diesem Vorfall berichtete, hörte ich in vielen Buchhandlungen, daß Kunden Arztrezepte für Bücher vorgelegt haben, die dem Patienten dazu verhelfen sollen, seine innere Ruhe zu finden.

Bei einem überbelasteten Herzen ist Seelenfrieden das beste Heilmittel. Dr. John aus Ottawa berichtete vor der Gesellschaft kanadischer Psychiater, seine Studien hätten ihn davon überzeugt, daß Herzanfälle meistens in Zeiten großer Spannungszustände auftreten. Im allgemeinen sind Arbeits- und Familienüberforderungen die wichtigsten Ursachen für Anfälle dieser Art. Es ist unbedingt wichtig, Spannungszustände zu vermeiden. «Ein wirksames Abwehrmittel ist Seelenfrieden.»

Unser Übel ist, daß wir zuviel auf einmal erreichen wollen. Wir sind überanstrengte, nervöse Menschen. Wir müssen die große Kunst des Stilleseins erlernen. Augustus L. Bering, ein Freund von mir und Leiter des Sherman-Hotels in Chicago, erzählte mir, er habe Geschäftsleute beobachtet, für die der Tag ruiniert zu sein schien, wenn sie nicht als erste durch die Drehtür gehen konnten.

Vor kurzem schrieb mir Mr. Bering, die Zustände scheinen immer schlimmer zu werden. Ein Mann sei zur Rolltreppe gestürmt und habe ihn beiseite geschoben, nur um eine ganz bestimmte Stufe zu erreichen. Nachdem ihm dies gelungen sei, ging er nicht weiter, sondern stand triumphierend da mit einem Gesichtsausdruck, der besagte: «Ich hab's geschafft!» Und Mr. Bering fragte überlegen: «Na und?»

Pascal sagt richtig: «Das Unglück der meisten Menschen entstammt der Unfähigkeit, aus der Ruhe zu handeln.»

Ein wichtiger Schritt, den Seelenfrieden zu erlangen, ist Selbstdisziplin zu erlernen. Diese Eigenschaft, wie alles Wertvolle, wird nur von dem erworben, der seine ganze Kraft dafür einsetzt. Emerson sagt: «Nichts kann dir Frieden bringen als du selbst.» Das bedeutet, daß man sich entschließen muß, störende Gedanken – Haß, Furcht, Gereiztheit – zu verbannen.

An einem Ostersonntag, als ich über den Seelenfrieden sprach, war eine Frau anwesend, der ein Zerwürfnis mit einem alten Freund zu schaffen machte. Seit diesem Zerwürfnis litt sie an einem Hautausschlag. Der Arzt diagnostizierte die Hautirritation als «äußere Erscheinung einer inneren Disharmonie»; mit anderen Worten, ihr Haß hatte sich auf die Haut verlagert.

Selbstverständlich wußte ich nichts von der Anwesenheit dieser Frau. In der Predigt erwähnte ich nur, weshalb uns übelwollende Gedanken krank machen können und daß Menschen, die demütig darum bäten, den Frieden der Seele finden könnten. Ich schlug vor, eine kurze Pause einzuschalten und dafür zu beten, daß friedfertige Gedanken in unsere Herzen einziehen mögen.

Auch die Frau betete demütig um Heilung und Vergebung ihrer Haßgefühle. Sie hatte ihre Fehlhaltung erkannt und war deshalb innerlich zur Umkehr bereit.

Nach dem Gottesdienst besuchte sie mich und berichtete, daß sie plötzlich «ein warmes Gefühl durch und durch überflutete». Sie wurde ruhiger, und «eine Art von Frischegefühl und reinem Glück» begann in ihrer Seele zu schwingen.

Einige Tage später bemerkte sie, daß der Ausschlag sich gebessert hatte. Ihr Arzt bestätigte sie in dem Glauben, sie sei seelisch geheilt, und einige Wochen später war der Ausschlag völlig verschwunden.

Der Arzt, der diesen Vorfall nachprüfte, erklärte dazu: «Die Tatsachen decken sich mit dem Bericht. Diese Frau hat in ihrem Gemüt Ärger, Gereiztheit und Haßgefühle in einem Ausmaß angehäuft, daß schließlich der Hautausschlag die Folge war. Ich bin davon überzeugt, daß ihre Einsicht und Umkehr zum Seelenfrieden zur Heilung führte.»

Mein Bruder, Dr. Robert Clifford Peale, Arzt und Chirurg, hat beachtliche Erfolge damit erzielt, daß er seinen Patienten den Einfluß der geistigen Einstellung auf die Heilwirkung erklärte. Er verschreibt nicht nur Medikamente oder operiert wenn nötig, sondern er ermutigt seine Patienten auch, sich zu ändern. Er sagt: «Ich bin davon überzeugt, daß Ärzte in Zukunft ein weitaus tieferes Verständnis für die geistigen und emotionellen Probleme ihrer Patienten aufbringen müssen, um helfen zu können.»

Eine sichere Methode, um Seelenfrieden zu erreichen, ist auch das bewußte Erinnern friedlicher Gedanken. Darunter verstehe ich das geistige Aufspeichern friedlicher Eindrücke, die im Bedarfsfall zur Verfügung stehen.

Während eines Aufenthaltes in Atlantic City blickte ich, während ich an meinem Schreibtisch saß, auf Strand und Ozean. Der Himmel war bedeckt. Sonne, Wolken und Regen wechselten sich ab. Die kreisenden Möwen stießen ihre rauhen Schreie aus. Die Wellen des Meeres verliefen langsam im Sand. Ab und zu brach die Sonne durch, und ein Lichtstrahl beleuchtete das Wasser. Dann verblaßte das Licht, als der geheimnisvolle Seenebel vom Meer aufzog. Ich empfand diese Szene als sehr beruhigend, schloß meine Augen und entspannte mich.

Während ich das tat, wurde mir bewußt, daß ich diese Szene genauso deutlich mit geschlossenen wie mit offenen Augen «sehen» konnte. Es hatte sich alles in mein Gedächtnis eingeprägt. Aber warum, überlegte ich, wenn ich eine Minute lang alles so deutlich vor mir sehe, warum kann ich das gleiche Bild nicht ein Jahr oder sogar zehn Jahre später wieder vor mir sehen? Also begann ich die Fähigkeit zu entwickeln, schöne Erinnerungen, Bilder des Friedens und der Ruhe in meinem Gedächtnis aufzuspeichern. In Zeiten großer Anspannung erstehen sie vor meinem geistigen Auge und üben eine beruhigende und entspannende Wirkung aus.

Ein mir bekannter Sportler hat diese Fertigkeit, in schwierigen Situationen Entspannung und innere Ruhe zu behalten, mit Erfolg entwickelt und wendet die Methode des «Memorierens beruhigender Gedanken» an. Es verhalf ihm zu einem Rekord bei Weltmeisterschaftsspielen.

«Als Kind ging ich häufig an einen Bach fischen, der etwas außerhalb meiner Heimatstadt friedlich durch die Landschaft floß. Ich kann mich lebhaft an diese Stelle inmitten einer großen grünen Wiese erinnern, die eingerahmt war von hohen schattenspendenden Bäumen. Auf dieses beruhigende Bild konzentrierte ich meine Gedanken, wenn sich innerhalb oder außerhalb des Spielfeldes eine gewisse Spannung bemerkbar machte, und schon löste sich die innere Verkrampfung.»

Selbstbeherrschung ist auch für den Körper wichtig. Nerven und Muskeln stehen in enger Beziehung zueinander. Beachten Sie die vielen Anzeichen nervöser Muskelanspannung: unruhiges Bewegen Ihrer Hände; mit den Fingern trommeln; die Backen streicheln; mit dem Stuhl wackeln, sogar Nägelkauen. Vor einigen Jahren kam ich zur Überzeugung, daß die Entspannung der Muskeln auch die geistige Spannung vermindert.

Man kann also unser Gemüt in einen *friedlichen Zustand* versetzen und so völlige Entspannung finden. Übrigens verhilft es auch zum Einschlafen.

Von den vielen anderen Möglichkeiten, die zum Seelenfrieden führen, möchte ich eine herausnehmen, die ich «Problem-Aktivierung» nenne. Hören Sie auf, sich zu quälen, und packen Sie Ihre Probleme konstruktiv an. Wenn Sie sich in einer verzwickten Lage befinden, steigern Sie sich nicht in eine Verzweiflung hinein, sondern fragen Sie sich, wie Sie aus dieser Situation wieder herauskommen können, und tun Sie dann das Beste, was Ihnen in den Sinn kommt. Dieses Vorgehen hilft ihrem Seelenfrieden, und Sie werden imstande sein, eine konstruktive Lösung zu finden.

Ich erhielt einen Anruf von einer Frau, die tausend Meilen entfernt wohnte. «Ich bin untröstlich und am Rande der Verzweiflung», schluchzte sie. «Ich bin gerade dahinter gekommen, daß mein Mann mit einer anderen Frau ein Verhältnis hat. Sie ist jünger und viel attraktiver als ich. Es ist ein entsetzlicher Schock. Ich hatte keine Ahnung. Mein Mann und ich, wir haben schwer gearbeitet für das, was wir nun besitzen. Ich habe jetzt viele Falten, und nun, wo er sein Ziel erreicht hat, möchte er jemanden, der schöner aussieht als ich. Ich weiß, ich muß versuchen, mich damit abzufinden. Bitte beten Sie für mich, daß ich das alles ertragen kann.»

«Ja», sagte ich, «ich werde es tun, doch warum nicht dafür beten, daß es sich wieder ändern wird?»

«Was hat das für einen Zweck?» sagte sie tonlos. «Es wäre meiner unwürdig, und außerdem ist doch alles vorbei.»

«An Ihrer Stelle würde ich über die Würde nicht zu viel nachdenken», sagte ich. «Er ist Ihr Mann, und Sie lieben ihn. Und im übrigen sollten Sie ihn vor sich selbst retten. Und was das Vorbeisein betrifft, so ist eine Wahl auch nicht eher entschieden, bis der letzte Wahlbezirk das Ergebnis bekanntgibt. Mit Gottes Hilfe würde ich versuchen, ihn zurückzugewinnen.»

«Sagen Sie mir, was ich tun soll», fragte sie kleinlaut.

«Ich habe Sie noch nie gesehen, Madame», antwortete ich, «würden Sie bitte so freundlich sein und mir eine Beschreibung von Ihnen geben. Sind Sie hübsch?»

«Nun», sagte sie zögernd, «man sagte oft, daß ich eines der hübschesten Mädchen in dieser Gegend war.»

«Sagt man das jetzt nicht mehr?»

«Warum, nein», antwortete sie. «Ich bin jetzt fünfundvierzig, verstehen Sie?»

«Was haben Ihre fünfundvierzig Jahre damit zu tun? Schauen Sie in den Spiegel, und ich bin sicher, daß Ihre ursprüngliche Schönheit noch vorhanden ist.»

«Ich habe Falten im Gesicht, und ich bin müde; und in diesem Augenblick bin ich auch noch recht verbittert.»

«Vielleicht verschwinden die Falten mit der Müdigkeit und der Verbitterung, und der alte Charme kehrt zurück, was meinen Sie?»

«Denken Sie über Ihre Vorteile nach», riet ich, «Sie sind legal mit Ihrem Mann verheiratet. Sie haben Jahre der Gemeinschaft hinter sich, und diese zählen mehr, als Sie denken. Ihr Vorteil gegenüber dieser jungen Frau ist enorm, denn ihre Verbindung ist nicht legal, sondern heimlich, und daher steht sie auf unsicheren Füßen. Stellen Sie sich im Geiste Ihre wiederhergestellte Gemeinschaft vor. Beten Sie für dieses arme Mädchen, das sich Hoffnungen macht, sie könne etwas für sich erreichen. Lassen Sie sich von dem Problem nicht unterkriegen.»

«Wenn es nur Vitalität bei ihr ist, die können Sie auch haben, nur in einem tieferen Sinn. Beten Sie, daß Sie diese Niedergeschlagenheit überwinden, und packen Sie dieses Problem konstruktiv an.»

Nach einigen Wochen schrieb sie mir: «Durch Gottes Hilfe bauen mein Mann und ich unsere Ehe inhaltlich neu auf. Hätten wir mehr Verständnis füreinander gehabt, so wäre das alles wohl nicht geschehen.»

Als diese Frau die Aktivierung ihres Problems begann und konstruktiv an der Lösung arbeitete, fing sie an, ihren inneren Frieden zurückzugewinnen. Sie konnte ruhiger denken. Und wenn das Gemüt ruhiger geworden ist, lösen sich Probleme leichter.

Daher ist der Friede der Seele von größter Wichtigkeit, denn er legt die Geisteskräfte frei für konstruktive Ergebnisse.

Entschließen Sie sich, sich nicht mehr aufzuregen. Durch inneren Frieden können Sie kritische Situationen meistern. Man kann nur richtig entscheiden, wenn man nicht durch Emotionen beeinflußt wird. Die Kraft kontrollierter Gedanken ist unermeßlich.

Wenn Sie den Seelenfrieden suchen, denken Sie an die Bedeutung der Aktivierung des Problems. Anstatt einer falschen Reaktion, versuchen Sie etwas Konstruktives einzusetzen. Wir müssen es so weit bringen, so ruhig wie möglich auf jedes Ereignis zu reagieren. Wir streben doch eigentlich danach, das zu werden, was wir im Grunde sein möchten. Selbstbeherrschung führt uns schließlich dahin, daß uns nichts mehr erschüttern kann. Jeder sollte nach dem Grundsatz handeln: «Ich sollte mich erst vierundzwanzig Stunden später aus der Fassung bringen lassen.» Zuerst analysiert man seinen Ärger, dann läßt man seine Wut abkühlen, und gleichzeitig stellt man sich im Geiste vor, wie man der Situation gewachsen ist. Dann betet man darum, von Gott richtig geführt zu werden, und kann sämtliche Phasen einer Situation absolut objektiv, leidenschaftslos und systematisch begegnen. Man sollte versuchen, der Angelegenheit auch eine gute Seite abzugewinnen. Nachdem man das Problem überschlafen hat, sieht es am nächsten Morgen ganz anders aus. Der Ärger hat sich verflüchtigt.

Einer meiner Freunde sagt, daß sein Vater, wenn er verärgert oder erregt ist, anstatt wütend zu werden, «in große Ruhe verfällt». Um innere Ruhe zu besitzen, müssen Sie sich selber schulen, niemals wütend zu werden oder nachtragend zu sein. Das ist natürlich schwierig. Aber wichtige emotionelle Siege sind nie einfach zu erreichen. Jedoch sind sie möglich, und das ist eine lebenswichtige Feststellung.

Viele Menschen zerstören ihren Seelenfrieden, weil sie immer einen Grund zur Klage finden. Selbst wenn sie dafür eine gewisse Berechtigung hätten, so lohnt das «Pflegen» dieses Zustandes nicht den emotionellen Aufwand. In diesem Gefühlszustand sind Ihre Reaktionen gestört. Sie könnten dann Dinge sagen und tun, die unüberlegt sind. Letzten Endes fügen Sie sich nur selber Schaden zu. Niemand ist imstande, vernünftig zu denken und zu handeln, der sich erlaubt, Groll in seinem Innern zu speichern. Die einzig wahre Einstellung gegenüber Ärger und sogar einer Ungerechtigkeit ist, sie einfach zu vergessen, sie zu ignorieren. Auf diese Weise werden Sie Ihre Ruhe bewahren, Ihre Klugheit beweisen und die Vorteile des Seelenfriedens genießen.

Ferner werden Sie eine Kraft entwickeln, die Ihr Gegner nicht besitzt, wenn Sie mit dieser geistigen Überlegenheit auf alle Beleidigungen, Ungerechtigkeiten und Feindseligkeiten reagieren. Sie werden nicht nur Genugtuung empfinden, daß Sie mit Gleichmut Angriffe jeder Art abwehren können, sondern Sie werden durch Selbstkontrolle die Achtung Ihrer Mitmenschen erwerben.

Die beste Art, den wahren Seelenfrieden in sein Inneres einziehen zu lassen, besteht darin, in engem Kontakt mit Gott zu leben. Wenn Sie es schaffen, in seinem Geiste zu denken und zu handeln, werden Sie seine Gegenwart spüren, und ein tiefer Friede, der durch nichts gestört werden kann, wird in Ihre Seele einziehen.

Schließlich leben viele Menschen ohne Seelenfrieden und entbehren wegen ihrer Schuldkomplexe der Kraft, bewußt zu leben.

Eines Morgens wurde ich im Speisewagen an einen Tisch für zwei Personen gesetzt. Eine alte Dame saß mir gegenüber. Ich las die Morgenzeitung, als der Zug, der mit großer Geschwindigkeit fuhr, merklich schwankte und die Frau angsterfüllt ausrief: «Oh, dieses Schwanken! Finden Sie nicht auch, daß dieser Zug entsetzlich schnell fährt?»

«Er fährt genau richtig, doch sicher nicht zu schnell», antwortete ich ihr.

«Wenn sich dieses Schwanken noch ein paar Mal wiederholt, werden wir wohl entgleisen.»

«Das glaube ich nicht. Jede Nacht fährt dieser Zug die gleiche Strecke, und ich habe noch nie etwas von einer Entgleisung gehört.»

«Vielleicht passiert es diesmal», sagte sie ängstlich.

«Das bezweifle ich. Die Wahrscheinlichkeitstheorie spricht dagegen.»

Dann sagte sie: «Ich hatte letzte Nacht das untere Bett belegt und konnte vor Angst nicht einschlafen, weil ich in der Zeitung von einer Frau gelesen hatte, die in einem unteren Bett ermordet worden war.»

Weiter erzählte sie mir, daß sie nach Hause müsse, weil sie Angst um ihre Kinder habe. «Ach, ich mache mir solche Sorgen.»

«Sie haben mir bereits von drei Dingen erzählt, die Ihnen Angst einjagen – das Schwanken des Zuges, der mögliche Mord in einem unteren Bett und Ihre Kinder. Wovor haben Sie außerdem noch Angst?» fragte ich sie.

«Oh, noch vor vielem.» Dann fragte sie: «Warum müssen Menschen so viele Ängste ausstehen?»

«Dafür gibt es viele Gründe. Zuweilen werden diese Ängste unbewußt von den Eltern übertragen. Oder Menschen, mit denen man zusammenkommt, stecken einen mit ihrer Furcht an. Manchmal entwickelt sich Furcht aus einem Schuldgefühl heraus, weil sie etwas Unrechtes getan haben. Es gibt viele Gründe.» Als ich das Schuldgefühl erwähnt hatte, bezahlte sie sofort ihre Rechnung und ging, ohne ein weiteres Wort zu sagen, davon. Ich überlegte, ob ich sie in irgendeiner Weise beleidigt hätte, fand aber keinen Grund und griff wieder zu meiner Zeitung.

Als ich dann später durch den Zug ging, sah ich, wie diese Frau bitterlich weinte. Ich ging erst an ihr vorbei, kehrte dann doch um und sagte: «Madame, hoffentlich habe ich nichts gesagt, was Sie hätte kränken können.»

«O nein», sagte sie, «ich bin nur so durcheinander.»

«Wenn ich Ihnen in irgendeiner Weise helfen kann, tue ich es gerne.»

Sie sah mich an und fragte: «Was sind Sie? Ein Psychiater oder so etwas wie ein Doktor?»

«Nichts von alledem. Ich bin Pfarrer. Hier ist meine Visitenkarte, und wenn Sie in New York sind, hoffe ich, daß Sie in unserer Kirche beten.»

«Ich gehe nicht mehr in die Kirche. Denn wissen Sie – ich bin eine schlechte Frau», antwortete sie so leise, daß ich sie kaum verstehen konnte.

«Um so mehr hätten Sie Grund, in die Kirche zu gehen. Die Kirche ist sowohl für schlechte wie für gute Menschen da. Warum halten Sie sich für eine schlechte Frau?»

«Warum erzähle ich Ihnen das alles?»

«Vielleicht will es Gott so», gab ich ihr zur Antwort. «Vielleicht sollten Sie es vergessen.

Warum halten Sie sich für eine schlechte Person?» bohrte ich.

«Weil ich mit einem verheirateten Mann fortgewesen bin, und das quält mich.»

«Natürlich muß es Sie quälen. Ihre Handlungen widersprechen Ihrer Natur.» Dann erklärte ich ihr, daß moralische Verletzungen schwere Konflikte und Ängste heraufbeschwören. «Sie leiden an einem akuten Schuldgefühl. Und deshalb sind Sie ängstlich. Sie sind krank und brauchen einen Arzt. Sie müssen an Leib und Seele geheilt werden.»

«Was soll ich tun?» fragte sie, «ich bin so unglücklich.»

«Sie können nur eines tun, und zwar um Gottes Hilfe bitten. Hören Sie auf, Unrechtes zu tun. Dann erbitten sie Vergebung. Sagen Sie, daß Sie Ihr Unrecht bedauern und daß Sie mit Gottes Hilfe ein rechtschaffenes Leben führen wollen. Obwohl Sie einen Fehler begangen haben, sind Sie doch nicht schlecht. Im Grunde sind Sie ein guter Mensch, und dadurch befinden Sie sich in einem inneren Konflikt. Gott wird Sie durch sein Vergeben wandeln. Dann werden Ihre Ängste allmählich verschwinden, und Sie werden den Seelenfrieden wieder finden.»

## *Ein Mittel zur Erlangung des Seelenfriedens*

Ich möchte dieses Kapitel nicht beenden, ohne Ihnen ein Mittel zur Erlangung des Seelenfriedens zu geben. Mein alter Freund Fred Fuller, ein prominenter Rechtsanwalt in Toledo, gab es mir. Er kämpfte während einer schweren Krankheit gegen seine innere Unruhe. Ein kluger Arzt gab ihm ein «Glaubensbekenntnis», das sich für Mr. Fuller als sehr nützlich erwies. Er trägt es in seiner Brieftasche und las es mir vor. Da es mich so beeindruckte, möchte ich es Ihnen nicht vorenthalten.

1. Bewahren Sie sich Ihre Energie, das heißt überfordern Sie sich nicht selbst.
   Hetzen Sie nicht – arbeiten Sie in Ruhe.
   Überanstrengen Sie sich nicht.
   Seien Sie mäßig im Essen, Trinken, Rauchen – in allem, was Sie tun.
   Zögern Sie nicht, unwichtige, lästige Aufgaben abzulehnen.

2. Bleiben Sie ruhig und heiter. Machen Sie sich keine Sorgen und lassen Sie sich nicht unnötig in Situationen hineinziehen, die Ihr Gemüt belasten.

Vorbei ist vorbei.
Tun Sie jeden Tag Ihr Bestes.
Fürchten Sie sich nicht vor Ereignissen, die noch vor Ihnen liegen.
Vertrauen Sie auf Gott und vergessen Sie alle Furcht. Er leitet Sie, und was kann Ihnen dann noch geschehen?

An Ihnen liegt es, Seelenfrieden zu finden und somit Ihr Leben glücklicher zu gestalten.

# Wie man Wohlbehagen und das Höchstmaß an Gesundheit erreicht

*Genauso wie jedes Flugzeug vor einem neuen Einsatz gründlich überholt wird, sollte sich der Mensch für neue Anforderungen intensiv vorbereiten. Wir besitzen ein langes Netz von Blutbahnen und Nervensträngen, das wir instand halten müssen. Nur wenn wir gesund sind, können wir unsere körperlichen und geistigen Kräfte voll ausschöpfen.*

Hüten wir uns davor, dahinzuvegetieren, statt intensiv zu leben. Leben wir ein volles Leben. Das Geheimnis, Lebenskräfte zu wecken, entdeckte die Schreiberin des folgenden Briefes:

«Lieber Herr Dr. Peale,

Mehr als zwanzig Jahre lang war ich das Opfer meiner überreizten Nerven und Angstzustände. Vor etwa zweiundzwanzig Jahren starb mein Mann, und ich versuchte eine Lebensversicherung abzuschließen. Damals war ich siebenundvierzig Jahre alt. Mein Antrag wurde abgelehnt. Ich ging zu meinem Hausarzt und fragte ihn, was los sei. Er sagte, daß mein gesamter Organismus nicht in Ordnung wäre und ich mich jederzeit auf alles gefaßt machen könne.

Nun, ich gab es auf und fürchtete jedesmal, wenn ich krank wurde, «jetzt werde ich sterben». Ich habe mit Angst über zwanzig Jahre lang gelebt. Schließlich habe ich wieder geheiratet mit dem Gedanken, jemanden zu haben, der für mich sorgt und mich begraben wird.

Jetzt, im Alter von neunundsechzig Jahren, nachdem ich Ihr Buch* gelesen und fast auswendig gelernt habe, ist mir wunderbar zumute, und ich habe ein neues, glückliches Leben begonnen.»

Das ist eine Frau, die sich entschloß, endlich wieder zu leben. Als erstes füllte sie ihr Gemüt mit lebenspendenden Gedanken. Als ihr Geist langsam erwachte, erschien ihr das Leben wieder lebenswert.

Vor Jahren erlebte ich in einer denkwürdigen Nacht, wie die Kraft des Glaubens hilft, die Gesundheit wiederherzustellen. Es war zwei

* «Die Kraft positiven Denkens», Emil Oesch Verlag

Uhr morgens. Das Läuten des Telefons weckte mich aus tiefem Schlaf. Am anderen Ende war die Stimme eines bekannten Arztes. Er sagte: «Ich habe einen Fall, der auf ärztliche Behandlung nicht anspricht. Meine Patientin befindet sich in einer Krise, und ich brauche Ihre Hilfe. Könnten Sie sofort kommen?»

Diese Bitte bestürzte mich. Was für eine Hilfe konnte ich geben? Ich erinnere mich noch, wie ich an der Tür jenes Hauses stand und um Hilfe betete, bevor ich auf die Klingel drückte.

Der Arzt geleitete mich ins Wohnzimmer, und ich fragte: «Was kann ich der Patientin denn sagen? Ist sie bei Bewußtsein oder nicht?» – «Abwechselnd beides», antwortete er, «aber ich möchte nicht, daß Sie der Patientin irgend etwas sagen. Denken Sie an Jesus. Die Bibel lehrt, wenn zwei inständig um Hilfe beten, weilt Er in ihrer Mitte, um zu helfen. Nun, Sie und ich, ein Pfarrer und ein Arzt, wir beide gehen in das Zimmer und füllen es bis zum Überfließen mit der Kraft des Glaubens an die Hilfe Jesu.»

«Als Arzt habe ich alles getan, dessen ich fähig bin. Aber ich glaube an die Macht Gottes. Ich behandle den Patienten, jedoch Gott muß heilen. Die Wissenschaft ist jetzt machtlos.»

So betraten wir das Zimmer der Patientin. Der Doktor saß an einer Seite des Bettes, ich an der anderen, und jeder von uns zitierte, was Jesus einst gesagt hatte. Die Patientin wurde unruhig und fiebrig. Wir verharrten eine Zeitlang still betend. Anscheinend ging es der Patientin langsam besser. Sie öffnete die Augen und sah uns mit einem sehr lieben Lächeln an; dann schlief sie ein. Wir saßen ungefähr eine Stunde und beteten und sprachen über Gott und seine heilende Kraft. Wir ergänzten uns in unserem Glauben und erzählten leise von den Heilungen Jesu. Wir bemerkten, daß unser Gespräch das Bewußtsein der Patientin erreichte. Ihr Aussehen veränderte sich, und sie wurde ruhiger. Schließlich sagte der Arzt: «Die Krise ist vorüber. Sie wird gesund werden.» Dieses Erlebnis wurde auch zu einem Wendepunkt in meinem Leben.

Ich war so bewegt, daß ich den Rest der Nacht nicht schlafen konnte und in großer Erregung durch die Straßen lief. Zum erstenmal wurde mir bewußt, daß ich einen schweren Fehler begangen hatte. Ich lehrte eine religiöse Ethik. Ich hatte zum erstenmal erlebt, wie die Kraft Gottes etwas vollbrachte, das jenseits der Ethik oder der Wissenschaft lag. Bisher hatte ich das Übernatürliche mit Skepsis betrachtet. Religion war für mich eine Synthese von Ethik und Theologie und hatte zur Aufgabe eine Verbesserung der Moral und der sozialen Zustände.

Aufgabe der Medizin hingegen war lediglich die Heilung von Krankheiten.

Daß das Christentum auch eine Heilwirkung auf Krankheiten haben könnte, war mir nie in den Sinn gekommen. Menschen, die mir von Heilungen berichteten, in denen der Glaube mitgewirkt haben sollte, schienen mir zu übertreiben. Mein Erlebnis mit dem Arzt belehrte mich eines anderen, und spätere Vorkommnisse überzeugten mich, daß die christliche Lehre auch auf Krankheiten anwendbar ist und daß Jesus nicht nur unsere Seelen heilt, sondern auch unseren Leib. Viele Menschen sind deshalb krank, weil ihre seelische Verstimmung auf den Körper schlägt. Sie ärgern sich, sie sind nachtragend, verkrampft, gehemmt und voller Furcht. Es ist heute allgemein bekannt, daß der Körper seelisch nachteilig beeinflußt werden kann.

Reader's Digest veröffentlichte einen interessanten Artikel mit dem Titel «Streß – Ursache aller Krankheiten?» von Dr. Hans Selye, einer Kapazität. Nach ihm wird jegliche Krankheit durch eine chemische Störung des Gleichgewichts im Körper, in erster Linie durch Streß verursacht. Er begründet seine These damit, daß das chemische Gleichgewicht innerhalb des Körpers hauptsächlich von drei winzigen Drüsen bestimmt werde: der Hypophyse und den beiden Nebennieren an den Nieren.

«Diese drei Drüsen wiegen zusammen nur ein paar Gramm. Ihre wichtigste Funktion ist es, den Körper jedem Streß anzupassen. Wenn man friert, ziehen sich die Arterien zusammen und erhöhen den Blutdruck, um größere Wärme zu erzeugen. Dringen Bakterien in den Körper ein, so liefern die Drüsen Hormone, um einer Infektion entgegenzuwirken. Bei schweren Verletzungen beschleunigen sie das Gerinnen des Blutes, vermindern den Blutdruck, erhöhen den Blutzucker, um die Energie zu steigern, und verringern die Schmerzempfindlichkeit. Es ist Aufgabe der Hypophyse und des in den Nebennieren entstehenden Adrenalins, jegliche Bedrohung des Körpers abzuwehren.»

Aber, wie Dr. Selye betont, «in dieser hektischen Welt werden wir zu vielen Anspannungen ausgesetzt. Wir hetzen ständig und sorgen uns um alles mögliche. Der Geschäftsmann arbeitet den ganzen Tag unter Druck, und in der Nacht kann er vor lauter Problemen nicht schlafen. Die Hausfrau versorgt die Kinder, besorgt den Haushalt und Garten. Am Abend ist sie schließlich so überdreht, daß sie ein Schlafmittel nimmt. Die Drüsen versuchen sich den wachsenden Anforderungen anzupassen. Sie schütten ein Übermaß an Hormonen aus und versuchen damit den Körper in Gang zu halten. Das gelingt ihnen eine Weile. Aber schließlich bricht der Abwehrmechanismus zusammen. Das Ergebnis sind verhärtete Arterien, hoher Blutdruck, Herzkrankheiten, Arthritis. Diese und andere Beschwerden entstehen durch Überanstrengung.»

Vor kurzem riet mir ein Nasen- und Halsspezialist: «Weisen Sie in Ihren Büchern und Artikeln auf die Schäden hin, die durch Nervosität, Eifersucht und Minderwertigkeitskomplexe hervorgerufen werden.» Dieser Arzt erzählte mir außerdem, daß die Ohren-, Nasen- oder Stirnhöhlenbeschwerden von mehr als einem Drittel seiner Patienten nicht aus physiologischen Gründen, sondern aufgrund psychologischer Ursachen entstehen. Er berichtet von einem Mann, der stets in seine Praxis kam, wenn er erkältet war. Dies geschah häufig. Der Arzt fand heraus, daß jeder dieser Erkältungen ein Streit mit seiner Frau vorausgegangen war. Die Nasenschleimhäute waren durch die Aufregung in Mitleidenschaft gezogen worden. Der Arzt erklärte auch, daß Schwindelanfälle, Ohrensausen, vorübergehende Taubheit, Nervosität und Druck häufig Überbelastungen, Gereiztheit, Ärger und Fehlverhalten zugeschrieben werden könnten. Es sieht fast so aus, als ob die Bibel recht hätte, die ein schlechtes Gewissen als Krankheitsursache ansieht.

Dr. Karl Pace aus Greenville wurde als der National Country Doctor des Jahres geehrt. Als ich ihn nach der häufigsten Ursache von

Krankheiten fragte, antwortete er spontan: «Nervliche Belastungen und Überanstrengungen.» Hier seine Ratschläge: «Warte ab, was jeder Tag dir bringt. Mach dir keine Sorgen über die nächste Woche.

Lerne zu leben, statt dem Geld nachzujagen.

Vermeide Ärger. Sei freundlich zu jedem, dem du begegnest.

Ruhe nach dem Mittagessen, das entspannt.

Streit ruft Magengeschwüre, Migräne oder andere Schmerzen hervor.

Ehepartner sollten mehr Mühe für eine erfolgreiche Ehe aufwenden, statt Fehler bei dem anderen zu suchen. Gehe friedlich schlafen.

Bete und führe ein ruhiges und heiteres Leben.»

Ein anderer Arzt sagt: «Viele Patienten wären gesund, wenn sie beten und glauben würden. Vielen meiner leidenden Patienten würde es gut gehen, wenn sie Gottvertrauen hätten.» Fünfhundert Patienten wurden einer klinischen Untersuchung unterzogen. Es stellte sich heraus, daß bei siebenundsiebzig Prozent der Kranken psychische Ursachen vorlagen. Der Arzt sagte dazu treffend: «Die seelischen Leiden dieser

Patienten legten sich auf den Körper.» Ein mir bekannter Arzt ist so überzeugt von dem Zusammenwirken von Religion und Gesundheit, daß er auf den Tisch seines Wartezimmers religiöse, aufbauende Bücher und die Bibel legt. Diese Bücher werden viel gelesen und lindern seelische Nöte.

Es heißt: «Jesus Christus ist gestern und heute derselbe und immerdar. Das bedeutet, wir können auf seinc Hilfe bauen, wenn wir nur darum gläubig beten. Wir können Christus nicht mehr mit unseren Händen berühren, wie es vor langer Zeit geschah. Aber es gibt einen anderen, subtileren Weg, ihn zu erreichen, indem wir Gedanken des Glaubens zu Ihm senden. Die ausgestreckte Hand oder der ausgesandte Gedanke, beide bezeugen Glaube und Vertrauen. Und Glaube und Liebe sind es, die die heilende Kraft auslösen.»

Mir schrieb ein Mann aus Georgia: «Schon seit längerer Zeit trage ich mich mit dem Gedanken, Ihnen ein Wort der Anerkennung zu schreiben für das wundervolle Erlebnis, das ich im Krankenhaus hatte. Ich lag dort mit einem Herzinfarkt, den ich mir durch Anspannung und Überarbeitung zugezogen hatte. Ich fühlte, daß ich nie wieder fähig wäre zu arbeiten, denn jeder Lebensmut hatte mich verlassen. An jenem Morgen haben Sie etwas vorgeschlagen in Ihrer

Radioansprache, das mich auf den Weg der Genesung führte. Jetzt bin ich imstande, meine Arbeit zu verrichten, und ich habe mich seit Jahren nicht so wohl gefühlt. Und ich tue immer noch das, was Sie damals vorschlugen.

Zuerst forderten Sie die Leute im Krankenhaus auf, ganz still und entspannt zu liegen. Dann sollten sie sich vorstellen, Gott berühre ihre Füße und den ganzen Körper mit seinen heilenden Händen. Ich erinnere mich, daß ich Ihnen folgte, und dann weiter: Denken Sie, daß die Hand Jesu schließlich auf Ihrem Herzen ruht, und Sie hören Ihn sagen: ‹Euer Herz erschrecke nicht und fürchte sich nicht.› (Johannes 14,27) Dann fühlen Sie Seine Hand auf Ihrem Kopf ruhen. Ich stellte mir ganz intensiv vor, Jesus wäre bei mir, und plötzlich fühlte ich mich beruhigt und vertraute auf meine Heilung. Ich wurde gesund und fühle mich seither kräftig und stark. Die Ursache schlechter Gesundheit ist manchmal die Begleiterscheinung von Schuld, die belastend auf unserer Seele wirkt und unsere Lebenskräfte vermindert. Krankhafte Angst entsteht. Die Kur für eine Heilung ist der Wille, sich zu bessern.»

Eines Tages wurde ich gebeten, einen Mann aufzusuchen, der alles an materiellen Dingen besaß, was man sich nur wünschen konnte. Jedermann fand ihn unsympathisch, aber niemand wagte es auch nur im geringsten, anderer Meinung als er zu sein, weil er sonst vor Wut kochte. Ein Geschäftsfreund hingegen sagte ihm offen seine Ansicht. Der Mann verzieh es ihm nie und bezichtigte ihn des «Verrats». Dies traf aber keineswegs zu. Sein Haß kannte keine Grenzen. Diese Auseinandersetzung beschäftigte ihn dermaßen, daß er krank wurde. Als ich ihn aufsuchte, klagte er über mangelnden Appetit und Schlaflosigkeit. Auch sein Magen verursachte beträchtliche Beschwerden. Außerdem schmerzten besonders seine Arme und Hände.

Der Arzt hatte ihm erklärt, er könne nur durch eine Behandlung seiner Konflikte geheilt werden. «Tatsächlich», sagte der Mann, «meint der Arzt, daß es vorübergeht, wenn ich mich in Ordnung bringe.»

«Was wollen Sie mit ‹in Ordnung bringen› sagen?» fragte ich.

«Damit meine ich, mein ‹Inneres aufräumen›. Aber das, was mich am meisten plagt, ist mein rechter Arm. So sehr ich mich auch bemühe, ich kann ihn nicht höher als meine Schulter heben, noch kann ich meine Faust zusammenballen. Ich kann sie kaum schließen und nichts mehr in meiner Hand halten.»

Als unser Gespräch auf seinen Geschäftsfreund kam, wurde er wütend und sagte aufgeregt: «Ich würde meinen rechten Arm hergeben, wenn ich diesen Kerl vernichten könnte.» Auch als er verschiedene andere Leute erwähnte, die er nicht leiden konnte, wiederholte er, daß er «seinen rechten Arm hergeben würde», wenn er es ihnen nur heimzahlen könnte. Die Phrase seines Armes war der Gipfel seiner Wut. Ich dachte eine Weile nach und sagte dann: «Ich glaube, Ihr rechter Arm könnte vielleicht von Ihrer Wut durchdrungen sein. Damit Sie sich wieder wohl und vital fühlen, sollten Sie Ihre Wut vergessen und Güte und Liebe bei sich einziehen lassen.»

«Und wie das?» fragte er.

«Ganz einfach», sagte ich. «Beten Sie, bis Ihre Wut verschwindet und Sie Liebe fühlen. Sie müssen vergeben und vergessen, besonders Ihrem Geschäftsfreund, wenn Sie gesund werden wollen.» Schließlich hatte er sich dazu durchgerungen, für den anderen Mann zu beten. Es half tatsächlich. Aber es dauerte noch viele Wochen, bis er wieder gesund war.

Eine Frau mittleren Alters, die merklich hinkte, kam zu einer Abendandacht. Danach wartete sie auf den Pfarrer und sagte: «Das Hinken ist vor kurzem entstanden, und mein Arzt meint, daß er nichts für mich tun kann. Es muß wohl eine Verletzung der Muskeln sein. Wollen Sie bitte für mich beten?» — «Nein», sagte überraschenderweise der Pfarrer. «Ich werde nicht *für* Sie beten, aber ich will *mit* Ihnen beten. In erster Linie wollen wir nicht um Erleichterung Ihres Leidens bitten, sondern herausfinden, warum Sie erkrankt sind. Wir müssen nach den Ursachen suchen.» Dann betete er gemeinsam mit der Frau, und sie verabschiedete sich. Sie kam noch einige Male danach, und jedesmal betete der Pfarrer mit ihr um Führung. Aber ihr Hinken besserte sich nicht.

Schließlich sagte sie nach einem Gebet ganz langsam: «Ein Gedanke kommt mir während meiner Gebete ständig in den Sinn: meine Tochter und mein Schwiegersohn wohnten früher mit mir zusammen, und ich konnte meinen Schwiegersohn einfach nicht ausstehen. Ich haßte ihn, und vor nicht allzu langer Zeit hatten wir einen großen Krach. Meine Tochter war auf seiner Seite und gegen mich. Es war ein schrecklicher Schock, und ich war wie gelähmt. Kurz darauf fing ich an zu hinken. Ich bin nie darauf gekommen, daß eine Beziehung zwischen meinem körperlichen Leiden und meinen Gefühlen zu meinem Schwiegersohn und meiner Tochter bestehen könnte. Die Idee ist absurd, nicht wahr?»

«Um das herauszufinden, vertragen Sie sich mit dem jungen Paar, und dann werden Sie ja sehen, was mit dem physischen Problem geschieht.»

Die Frau besuchte ihren Schwiegersohn und ihre Tochter, um ihnen zu sagen, wie sehr sie ihre Einstellung bedauere. Sie berichtete dem Pfarrer: «Ich zögerte. Ich befürchtete, sie würden mich nicht einlassen, und ich wollte nicht gedemütigt werden. Zuerst waren sie überrascht und ziemlich kühl. Aber als ich ihnen sagte, wie leid es mir tat, daß ich unrecht gehandelt hatte und sie meine Einstellung verzeihen mögen, wurden sie sehr freundlich. Wir haben uns ausgesöhnt, und», fügte sie hinzu, «ich bin erstaunt, was für ein netter Mensch mein Schwiegersohn in Wirklichkeit ist. Sie mögen es glauben oder nicht, er scheint mich jetzt auch zu mögen.»

Als der Pfarrer der Frau beim Verlassen der Kirche nachschaute, schien es ihm, als ob sich ihr Zustand gebessert hätte. Nach einigen Wochen bemerkte die Frau, daß ihr Gang wieder normal wurde. Deswegen sollten wir nicht zu dem Schluß kommen, daß jeder, der in unserer Gemeinde hinkt, einen Familienzwist hat oder haßerfüllt ist. Ich zitiere dies nur als ein Beispiel für die offensichtliche Beziehung zwischen körperlicher und seelischer Krankheit.

Wir können vital und freudig leben, wenn wir unsere Einstellung, die niederdrückend wirkt, wegspülen und unsern Geist mit schöpferischen und gläubigen Gedanken füllen. Unser Lebensgefühl hängt von dem anregenden, verwandelnden und belebenden Glauben ab, der uns durchdringt.

Wenn wir uns die nachteilige Wirkung vergegenwärtigen, die jahrelange negative Gedanken auf Geist und Gemüt ausüben können, so werden wir leicht verstehen, warum wir schwunglos werden. Damit wir uns lebendig und wohl fühlen, müssen wir täglich unser ganzes Wesen positiv stimmen. Kein Mensch braucht mutlos und niedergeschlagen durch das Leben zu gehen. Wer Jesus vertraut, kann gar nicht anders, als freudig und beschwingt sein. Der folgende Ausspruch wird von Dr. Charles Mayo berichtet: «Ich habe wenige Männer gekannt, die an Überarbeitung gestorben sind, aber dafür viele, die aus Verzweiflung umgekommen sind.» Gottvertrauen bedeutet Lebenskraft.

*Diese Anregungen helfen Ihnen, sich fit und gesund zu fühlen:*

1. Wenden Sie sich an Gott, so wie Sie Ihren Arzt rufen, wenn Sie krank werden.

2. Glauben Sie an die Heilkraft Gottes.

3. Betrachten Sie Ihren Körper als eine Hülle Ihrer Seele.

4. Belasten Sie sich nicht mit Aggressionen, Streit und Haß.

5. Halten Sie Körper, Geist und Seele fit und geschmeidig.

6. Danken Sie für Ihre Gesundheit.

7. Glauben Sie daran, daß der schöpferische Gott Ihnen täglich neue Kräfte verleiht.

8. Beherzigen Sie den berühmten Ausspruch von Ambroise Paré, einem der bekanntesten Ärzte Europas: «Ich verband seine Wunden, und Gott heilte ihn.»

# Wie man Selbstvertrauen entwickelt

*«Viele Menschen, vielleicht die meisten, nutzen nur einen geringen Teil ihrer Lebenskraft. Jeder Mensch beherbergt eine unerschöpfliche Quelle an Stärke. Dies zu wissen und daran zu glauben, kann dieses Reservoir öffnen. Diese Quelle der Lebenskraft ist stärker als alle Hindernisse, die wir bewältigen müssen.»*

Ein gesundes Selbstvertrauen überwindet alle Schwierigkeiten und Hindernisse. In der Bibel steht ein Text, der unser Selbstvertrauen unendlich stärken kann. Wenn er tief genug in unser Unterbewußtsein eindringt, vermag er sogar unser gesamtes Leben zu ändern.

«Wenn Gott für uns ist, wer kann gegen uns sein?» (Römer 8:31) Wir können auch sagen, wenn wir diese Worte auf uns persönlich beziehen: «Wenn Gott für mich ist.»

Stellen wir uns einmal alle Dinge vor, die gegen uns sind. Und diesen Hindernissen gegenüber steht Gott. Sind die Hindernisse stärker als Gott?

Was also kann uns in der Gegenwart Gottes noch beunruhigen? Welche Schwierigkeiten könnten wir mit seiner Hilfe nicht bewältigen? Stellen wir uns in jeder Konfliktsituation vor, Gott ist bei uns. Unser Selbstvertrauen wird nie wieder ins Wanken geraten. Wir müssen nur demütig auf Gott vertrauen. Glaube, die größte Macht dieser Welt, kann Berge versetzen und schleudert alle Hindernisse beiseite. Glaube besiegt das Unmögliche. Er zerstreut unsere Ängste. Er macht das Leben reicher, fröhlicher und lebenswert. Glaube aus tiefster Seele löst unsere Probleme. Diese drei Sätze sollten wir uns tief einprägen:

> *«Wenn du den Glauben hast... wird nichts unmöglich für dich sein.» (Matthäus 17:20)*

> *«Von der Stärke deines Glaubens hängt alles ab.» (Matthäus 9:29)*

> *«Für die, die glauben können, wird alles möglich sein.» (Markus 9:23)*

Menschen mit wirklichem Selbstvertrauen glauben: «Der Herr ist auf meiner Seite, ich werde mich nicht fürchten.» (Psalm 118:6) Was braucht man noch mehr? Nur die eigene Mitarbeit. Verschwenden Sie daher nicht Ihre Gedanken an die Dinge, die gegen Sie sind. Wenn Sie stets nur über Ihre Schwierigkeiten nachdenken, dann können Sie sicher sein, daß diese größer werden, als sie wirklich sind, und Sie schließlich erdrücken. Lenken Sie Ihre Gedanken voll Selbstvertrauen, dann werden Sie über Ihre Probleme hinauswachsen. Es wird Konzentration und Disziplin erfordern. Aber es ist Gottes Wille, daß wir unsere Schwächen besiegen.

Ich fragte einen Bekannten, wie er, der als Junge hoffnungslos stotterte, zu einem profilierten Redner werden konnte. Seine Antwort war: «Wenn wir auf Gott vertrauen, geschehen Veränderungen mit uns, die überwältigend erscheinen, die jedoch lediglich auf den Einfluß geistiger Erkenntnisse zurückzuführen sind.» Sein Sprachfehler machte ihm seine Schulzeit sehr schwer. Die Jungen neckten ihn ständig, nur um ihn zum Stottern zu bringen. Er wußte genau, was er sagen wollte, aber die Worte überschlugen sich, bevor er sie überhaupt aussprechen konnte. Er war das Opfer des Spotts seiner gedankenlosen Mitschüler.

Eines Sonntagnachmittags ging er zu einem Treffen des CVJM in Boston, um den Senator Albert J. Beveridge zu hören. Der Senator war ein populärer Redner. «Bis zum heutigen Tage», sagte mein Freund, «kann ich meine Augen schließen und den Senator vor mir sehen, mit seinem Finger wie auf mich gerichtet, als er sagte: ‹Junger Mann, es gibt nichts auf der Welt, das Sie nicht tun können, wenn Sie nur glauben, daß Sie es tun können.›»

Diesem unglücklichen, nervösen und stotternden Jungen schien es, als wären diese Worte allein für ihn gesprochen.

Er erzählte seiner Mutter von seinem neuen Erlebnis. Sie war eine weise Frau und wußte wohl, welch bittere Enttäuschung zu hoch gesteckte Ziele und Erwartungen bringen können, und versuchte daher, seine Begeisterung zu dämpfen. «Sei geduldig, mein Junge, wenn wir hoffen und keinen Versuch unterlassen, so werden sicher einige unserer Wünsche wahr.»

Der Junge war tief gerührt, kniete vor seinem Bett und bat, daß Gott ihn wirklich verstehe. Plötzlich, zu seinem größten Erstaunen, hörte er sich laut beten, fast ohne dabei zu stottern. Es war ein heftiges Hervorsprudeln tiefen, inneren Gefühls. «Ich fühlte damals und fühle heute noch, wie mein Gebet direkt zu Gott emporstieg.»

Diese Besserung zeigte, daß er sein Stottern besiegen könnte. Er stotterte noch immer, und die Jungen und Mädchen lachten weiterhin über ihn; aber innerlich hatte er sich gewandelt – seine Mentalität und seine Lebenseinstellung waren viel selbstsicherer geworden. Am nächsten Tag stand er tapfer auf, um eine Frage seines Lehrers zu beantworten – zögernd, aber mutig. Während seines mühevollen Versuchs, jetzt ja nur nicht zu stottern, hörte er in sich die Stimme des Senators «vertraue» und die seiner Mutter «nur Geduld».

Er las über Demosthenes, der, um seinen Sprachfehler zu überwinden, mit Steinen auf der Zunge gesprochen haben soll. Danach ging der Junge tagelang an einen einsamen Platz, legte Steine auf die Zunge wie sein Vorbild und begann mit Sprechübungen. Er wiederholte diese Methode immer wieder, jedesmal mit weniger Steinen. Einmal fiel er demütig auf seine Knie und flehte zu Gott: «O Herr, bitte laß mich nicht mehr stottern!» «Gott muß meine Worte aus meiner Seele und die Sehnsucht gehört und verstanden haben, denn als ich es eines Tages wieder versuchte, überkam mich ein Gefühl der Ruhe und Zuversicht, und ich wußte, daß ich diesen Kampf gewinnen würde. Ich war so sicher, daß meine Träume wahr würden, wenn ich nur nicht aufgab, an Gott und mich selbst zu glauben.»

Er nahm Sprachunterricht, übte, rang, betete und hoffte – und dann, nach langer Zeit, gelang ihm eine Rede ohne jegliche Unsicherheit, die mit Applaus seiner Zuhörer quittiert wurde.

Dies war der glücklichste Tag seines Lebens. Von da an nahm er jede Gelegenheit wahr, eine Rede zu halten, und versäumte nicht, anderen zu erklären, wie sie ihre Schwierigkeiten meistern könnten, wenn sie nur fest an Gott glaubten und dadurch Selbstvertrauen und Kraft gewinnen.

Viele Menschen, wahrscheinlich alle, machen niemals vollen Gebrauch von den in ihnen wohnenden Kräften. Sie horten einen wahren Schatz an Kräften. Erlauben Sie sich nicht, eine Niederlage hinzunehmen. Versuchen Sie vielmehr, wenn Gefahr droht, Ihre Gedanken vertrauensvoll zu Gott zu richten. Diese inneren Kräfte, die Kraft Gottes in uns ist so unermeßlich, daß Menschen während einer Krise zu unbeschreiblichen Taten fähig sind. Dies sollte uns zeigen, daß wir auch die größten Schwierigkeiten im Leben überwinden können.

Eine Zeitung schrieb von einer Bauersfrau, die hinzukam, als ihr Mann im Hof unter einem Auto arbeitete. Plötzlich rollte das Auto vom Gestell und klemmte mit einem Rad den Körper des Mannes ein, so daß es ihm unmöglich war, sich selber zu befreien. Niemand konnte helfen. Seine Frau war zu schwach, um das Auto zu heben. In ihrer Verzweiflung betete sie zu Gott. Plötzlich, mit aller Kraft, gelang es ihr, das Auto nur wenige Zentimeter zu heben, genug für ihren

Mann, sich zu befreien. Als sie später wieder versuchte, das Auto zu heben, gelang es ihr natürlich nicht im geringsten.

Ein anderer Fall berichtet von einem Mann, der invalid war. Er war hilflos an seinen Rollstuhl gekettet.

Eines Sommertages rollte ihn sein 16 Jahre alter Sohn an den Strand und ging schwimmen. Plötzlich, weit vom Ufer entfernt, kämpfte der Junge gegen einen Wadenkrampf. Er rief um Hilfe, aber niemand war in der Nähe, um ihn zu retten. Der Vater, in Todesangst um seinen Sohn, sah sich vergeblich verzweifelt nach Hilfe um. Dann vergaß er sich selbst, sprang aus seinem Rollstuhl, eilte zum Wasser, warf seine Kleidung ab, schwamm zu seinem Sohn und brachte ihn sicher an Land. Er war entgeistert über seine eigene Tat. Da er jedoch keinerlei krankhafte Symptome mehr bei sich feststellen konnte, dämmerte es ihm plötzlich, daß er wahrscheinlich gar nicht organisch krank gewesen war, sondern nur psychisch. Er brauchte nie mehr einen Rollstuhl.

Woher kam plötzlich diese Kraft? Sie entsprang seinem Innersten. Es ist sehr wichtig, sich darüber klar zu werden, daß ein enormes Kraftreservoir in uns schlummert und nur darauf wartet, von uns benutzt zu werden.

Zu uns ist gesagt: «Denn siehe, das Königreich Gottes ist in dir.» (Lukas 17:21) Was bedeutet, daß Gottes Macht tief in uns wohnt. Die entscheidende Tatsache ist, daß wenn wir uns einmal dazu entschlossen haben, uns von nichts und niemandem jemals mehr besiegen zu lassen – von diesem Moment an nichts mehr uns besiegen kann. Wenn unsere Entscheidung fest beschlossen ist und auf Gott bezogen, gewinnen wir in dieser entscheidenden Sekunde Macht über unser Schicksal.

Als Junge war ich außergewöhnlich schüchtern und litt unter Seelenqualen. Meine Schüchternheit war so groß, daß ich davor zurückschreckte, Fremde kennenzulernen. Dann wollte ich plötzlich Redner werden – wahrscheinlich um meine Schüchternheit auszugleichen.

Als Student im 2. Semester erwies mir ein Professor einen großen Dienst, obgleich er sehr rauh war. «Norman», sagte er, «du wirst es weit bringen, aber nicht solange du so entsetzlich schüchtern bist. Was ist los mit dir, hast du gar kein Selbstbewußtsein in den Knochen?» fragte er. Seine Worte trafen mich tief. «In der Tat, ich bin entsetzt über dich, du hast buchstäblich vor allem Angst; versuche doch einen Mann aus dir zu machen und nutze das Vertrauen, das in dich gesetzt wurde – arbeite an dir.»

Ich verließ fluchtartig sein Büro. Er hatte lediglich versucht, mich aus der Reserve zu locken, und wußte wohl, daß er mir hart die Wahrheit sagen mußte, damit ich reagiere. Aufgebracht schritt ich den Gang entlang und sagte mir: «Ich verlasse diese Schule, aber ich werde zurückkommen und diesem Professor etwas erzählen.»

Dann geschah etwas Eigenartiges. Ich ging die Treppen von «Gray Chapel» hinunter. Komisch, ich erinnere mich sogar, daß ich bis zur vierten Stufe kam. Da hielt ich inne, denn es packte mich eine Idee. Sie versetzte mir einen fast physischen Stoß. Ich fragte mich: «Warum werfe ich diese Schüchternheit nicht einfach über Bord, jetzt? Warum nicht in dieser Minute. Mache dieser Sache ein Ende, und zwar sofort.»

Und so, auf der vierten Stufe der Treppe, bat ich Gott, mir beizustehen und meinem Entschluß die nötige Kraft zu verleihen.

Ich schritt die Treppen hinab, überquerte das Uni-Gelände und kann mich heute noch genau an das Triumphgefühl erinnern, das mich erfüllte. Ich wußte plötzlich, daß ich kein schüchterner, ängstlicher Mensch mehr zu sein brauchte. Zum erstenmal wurde mir klar, daß ich meine Minderwertigkeitsgefühle überwinden konnte. Natürlich geschah dies nicht von heute auf morgen, vielmehr hatte ich noch eine lange Zeit zu ringen, aber der Entschluß war gefaßt. Im selben Moment hatte ich auch das notwendige Vertrauen. Daher behaupte ich, daß keine Sache der Welt uns etwas anhaben kann, wenn man sich gar nicht erst geschlagen gibt, und vor allem, wenn man diese vier Punkte beherzigt:

*Keine Minderwertigkeitskomplexe in sich aufkommen lassen.*

*In Gottes Hände unsere Wünsche und Ziele legen.*

*Bescheiden, aber fest an sich selbst glauben.*

*Glauben, daß Gott in uns ist und uns hilft.*

Mangelndes Selbstvertrauen ist eine der größten Barrieren, die eigene Persönlichkeit zu entfalten. Carlyle sagte: «Angst ist Unglaube an sich selbst. An sich ist es eine Beleidigung für Gott, wenn man Minderwertigkeitskomplexe hat, denn er gab uns das Leben.»

Halten wir uns unser Problem einmal deutlich vor Augen. Seien wir gewiß, daß Gott uns hilft – jetzt! Seien wir überzeugt davon, daß was wir jetzt tun, richtig ist, und wir allen Schwierigkeiten und allen Fehlern mutig und mit ruhigem Selbstvertrauen begegnen können, weil Gott uns führt.

Vor mehreren Jahren lernte ich einen jungen Mann kennen, der eben eine leitende Position in seiner Firma erhalten hatte. Der Präsident des Unternehmens war ein erfolgreicher Geschäftsmann, dessen gewandtes Auftreten und Benehmen den Eindruck erweckte, er sei autoritär und unnahbar, obwohl er ein liebenswürdiges Wesen besaß. Seine große Erscheinung unterstrich nur noch den Eindruck von Autorität.

Der junge Mann mußte, seiner Position entsprechend, täglich diesem Präsidenten persönlich Bericht abstatten. Es bedeutete für ihn eine qualvolle Angelegenheit, da er unter starken Minderwertigkeitsgefühlen litt. Durch das tägliche Antreten bei dem «Chef» verschlimmerte sich sein Problem zusehends, so daß er in Erwägung zog zu kündigen.

Er erklärte, daß ihn die Ausstrahlung dieses Mannes so ängstige und irritiere, daß er in dessen Gegenwart keinen klaren Gedanken mehr fassen könne. «Ich werde unartikuliert und umständlich; wenn ich nur diese schreckliche Schüchternheit überwinden könnte! Ich glaube, daß gegen meine Arbeit nichts einzuwenden ist; dennoch bin ich gezwungen zu kündigen.»

Um ihm zu helfen, mußte er zuerst Klarheit in seine Gedanken bringen und lernen, an seine Fähigkeiten zu glauben. Er mußte sich immer vor Augen führen, daß er ja schließlich für diese Position ausgewählt wurde, weil seine Vorgesetzten ihn für fähig hielten und seine Leistungen respektierten. Außerdem sollte er seine neue Position als eine Aufstiegsmöglichkeit betrachten.

Ich gab ihm den Rat: «Versuchen Sie, Ihrem Chef völlig unvoreingenommen zu begegnen. Sein reserviertes Verhalten kann ein Zeichen dafür sein, daß er in Wirklichkeit Verständnis und Sympathie nötig hat. Ebenso wird er jemanden, der keine Angst vor ihm hat, brauchen. Beten Sie, daß Sie derjenige sind, der für ihn Hilfe bedeutet – seien Sie überzeugt davon, daß Sie derjenige sind –, und dann treten Sie ein, vertrauensvoll und mit dem Gedanken, ihm eine Stütze zu sein.» Er versprach, sich dies zu Herzen zu nehmen.

Einige Monate vergingen, bevor ich ihn wieder sah. Er hatte sich völlig verwandelt. Er besaß eine neue und ruhige Sicherheit. «Wie kommen Sie mit Ihrem Chef zurecht?» erkundigte ich mich. Sein Gesicht strahlte, als er antwortete. «Er ist ein wundervoller Mensch. Unter dieser rauhen Schale verbirgt sich eine liebenswürdige Persönlichkeit. Ich folgte Ihrem Rat, und gewisse Zeit passierte nichts. Doch plötzlich wurde mir klar, daß meine Komplexe immer kleiner wurden. Dann sagte mein Chef eines Tages etwas sehr Überraschendes. ‹Bill, ich bin auf Sie angewiesen, Sie sind mir eine große Stütze.› Dies war das schönste Kompliment das ich je erhielt. Zum ersten Male spürte ich, daß ich in diesem Unternehmen eine Rolle spielte, ja sogar wichtig war. Das war Medizin für mich. Nun entwickelte ich Elan und schöpfte Vertrauen zu mir.» Er fuhr fort: «Es macht Freude, mit diesem Mann zu arbeiten.» Mir ist dabei nicht entgangen, daß er «mit» anstatt «für» gebrauchte, wobei er deutlich seine Bedeutung und Einstellung zu dem Unternehmen zum Ausdruck brachte. Er hatte sich von einem schüchternen, in sich gekehrten, befangenen Menschen in einen aufgeschlossenen, selbstbewußten und ausgeglichenen Mann verwandelt.

Alle diejenigen, die gegenwärtig unter Schwierigkeiten, Konflikten oder Minderwertigkeitskomplexen zu leiden haben, sollten einen resoluten Vorsatz fassen: selbstbewußt, unerschrocken und tatkräftig zu sein.

Zwei meiner anregendsten Freunde sind Roy Rogers und seine charmante Frau, Linda Rogers, die sowohl bei den Jungen als auch den Älteren unserer Gemeinde sehr beliebt sind. Eines Tages erzählte Roy von seinem mühevollen Versuch, über seine Minderwertigkeitsgefühle, besonders in der Öffentlichkeit, hinwegzukommen. Als Junge, sagte er, war er so gehemmt, daß allein der Gedanke, vor der Klasse oder auch nur einigen Leuten etwas sagen zu müssen, ihm unmöglich erschien. Aber Linda ist eine kluge, feine Frau, fügte er hinzu. Mein größter Sieg über mich war, als ich ihren Vorschlag, in der Öffentlichkeit zu sprechen, akzeptierte. Den musikalischen Teil erledigte ich ohne Panik, aber als der Zeitpunkt kam, ein paar freundliche Worte an das Publikum zu richten, überkamen mich dieselben nervösen Symptome. Dann schloß ich meine Augen nur für einen Moment und sagte leise: «Gott, ich weiß, ich mache alles kaputt. Bitte hilf mir, mich zu sammeln, daß das, was ich diesen Leuten sagen will, auch einen Sinn hat.»

Ich begann zu sprechen und war überrascht über die Dinge, die ich noch nie zuvor sagen konnte. Und alles kam so selbstverständlich über meine Lippen, als würde ich nur dabei stehen und jemand anderen sprechen hören. Von dieser Zeit an litt ich nie mehr unter Lampenfieber.

Ich schreibe so selbstverständlich über diese Dinge, weil ich überzeugt bin, die Macht des Glaubens entwickelte sich bei mir aus meinen eigenen schmerzvollen Erfahrungen. Selbst auf die Gefahr hin, daß ich dieses Kapitel zu biographisch gestalte, möchte ich doch noch einen der weiteren, entscheidenden Zufälle aus meinem

Leben aufführen. Und wenn ich durch die Wiedergabe meiner eigenen Erlebnisse und Schwierigkeiten anderen Leuten helfen kann, die ihren zu überwinden, ist der Sinn dieser Zeilen erfüllt.

Mit 28 Jahren sollte ich plötzlich die Kirche einer Universität übernehmen, deren Mitglieder hauptsächlich aus Dozenten, Professoren, deren Familien und führenden Geschäftsleuten bestanden. Einige aus diesem Kreis zählten zu den regelmäßigen Gottesdienst-Besuchern.

Ich war sehr jung und unerfahren, als mir diese Verantwortung übertragen wurde. Ich hatte noch gegen meine Unsicherheit, die von meiner früheren Schüchternheit herrührte, anzukämpfen. Diese Komplexe sind hart, doch glücklicherweise sind sie zu besiegen. Im Grunde meiner Seele war ich von meinem Versagen überzeugt, doch ich kämpfte verbissen dagegen an. Leider war ich in der verkehrten Richtung aktiv. Ich arbeitete Tag und Nacht, unermüdlich. Diese nervöse Aktivität entsprang hauptsächlich meiner Angst zu versagen, statt meine persönlichen Probleme zu vergessen und meine Arbeit in einer normalen Weise auszuführen und dem demütigen Wunsch, Gott allein zu dienen.

Doch mit der freundlichen Zusammenarbeit meiner Kollegen und durch die Mithilfe der Gemeinde erledigte ich mein Amt einigermaßen zufriedenstellend. Aber meine fieberhaften Bemühungen, Schritt zu halten, und meine Angst zu versagen, äußerten sich in gesteigerter Nervosität und Unruhe.

Außerdem konnte ich meiner Arbeit keinerlei Befriedigung abgewinnen. Trotz allem Eifer fehlte etwas – ich besaß keinen Elan.

Ich bat Gott, mich zu führen, und plötzlich fand ich die Lösung. Auf der Fahrt zwischen Toledo, Columbus und Ohio arbeitete ich an einer Predigt für den folgenden Sonntag. Der Titel lautete: «Das Geheimnis der Macht». Mir wurde plötzlich klar, daß dieser Titel recht verhängnisvoll für mich war, denn was wußte ich schon von dem Geheimnis der Macht: Ab sofort wurde ich ganz ehrlich in meiner Auslegung und gebrauchte nur Worte ohne persönliche Bedeutung.

Auf einmal stieg ein Gefühl in mir auf, das mich förmlich zu beten zwang. In meinem Gebet sagte ich Gott, daß ich es leid wäre, ständig Angst zu haben, und außerdem hätte ich es satt, ständig bemüht zu sein, das in mich gesetzte Vertrauen anderer Leute nur ja nicht zu enttäuschen und meinen Wert stets aufs neue unter Beweis zu stellen. Ich versicherte Gott, daß ich alle diese Worte ehrlich meinte.

Getrieben durch meinen Konflikt, übergab ich mich Gott und überließ ihm die Führung. Ich bat Gott, mit mir zu tun, was immer er zu tun gedenke, mit dem einen Wunsch, daß er so schnell wie möglich handeln möge. Ich legte mein Schicksal völlig vorbehaltlos in seine Hände und war bereit, nach seinem Willen zu leben, um dadurch Frieden und Stärke zu finden.

Noch im selben Moment wurde mir klar, daß wenn wir unsere Bitte wirklich ernst meinen und nicht nur aus einer plötzlichen Situation heraus, sondern aus vollem Herzen sprechen, wir ebenso erhört werden.

Kaum hatte ich zu Ende gebetet, überkam mich tiefer Frieden. Die Heiterkeit und Gelöstheit, die ich fühlte, war schwer zu erklären. Es war einer der wenigen Augenblicke meines Lebens, die ich nie vergessen werde. Zum erstenmal erfuhr ich persönlich die volle Kraft des Gebetes.

Nun wurde mir klar, daß wir siegreich leben können, weil sich Gott uns gibt, wenn wir uns Gott geben. Es war ein hinreißendes Gefühl von Freude und Geborgenheit.

Mit diesem neuen siegreichen Gefühl der Befreiung verband sich die Erkenntnis, daß dies nicht meine Macht war. Es war Gottes Stärke, die er schwachen Menschen einflößt. Noch häufig danach fühlte ich meine persönliche Kraft schwinden und erinnerte mich der Erfahrung, daß, wenn ich mich völlig Gottes Führung anvertraue und Glauben übe, mir von Gott Kraft gegeben wird.

Nur zögernd knüpfe ich diese Erfahrung an, um nicht in den Verdacht des Stolzes zu kommen, aber ich kann versichern, daß diese Begebenheit weniger stolz als demütig machte, besonders durch die Erkenntnis der Abhängigkeit von einer größeren Macht. Ich spreche nur über dieses Erlebnis, um Ihnen zu sagen, daß wie auch immer Ihr Leben verlaufen und Ihre Schwierigkeiten sein mögen, diese Haltung absolut richtig ist, um Stärke und Frieden zu gewinnen. Schenken Sie sich selbst mit ganzem Herzen Gott, und Gott wird sich selbst ebenso mit ganzem Herzen Ihnen schenken.

*Der Schlüssel zum Selbstvertrauen:*

Entwickeln Sie Glaubensstärke.

Verschwenden Sie Ihre Gedanken nicht an Dinge, die gegen Sie sind, sondern denken Sie an Gott, der für Sie ist.

Wenn Sie beschließen, daß nichts auf der Welt Sie besiegen kann, dann kann Sie auch nichts mehr besiegen.

Begeben Sie sich in Gottes Hand.

Gewißheit und Glaubensstärke sind die Schlüssel zu einem furchtlosen Selbstvertrauen und zur Möglichkeit, Schwierigkeiten und Hindernisse zu überwinden.

# Gibt es ein ewiges Leben?

*Bei Léon Daudet findet sich folgender Bericht über den Tod von La Boétie: «Gegen vier Uhr früh fuhr La Boétie plötzlich aus dem Schlaf auf. Man hörte ihn keuchen: ‹Gut, gut! Mag er nur kommen, wann er will, ich erwarte ihn gefaßt und mit ruhigem Blut!› Er sprach vom Tode.*

*Am Abend ließ er Montaigne rufen: ‹Mein Freund und Bruder›, sagte er zu ihm, ‹mag Gott es fügen, daß ich die Bilder in Wirklichkeit erlebe, die ich soeben gesehen habe.›*
*Und da er nicht weitersprach..., brachte Montaigne sein Gesicht nahe an das seine und fragte ihn: ‹Was sind das für Bilder, mein Bruder? Wollt Ihr nicht, daß ich mich ihrer auch erfreue?› – ‹Ich will es›, gab er zur Antwort, ‹aber mein Bruder, ich kann nicht. Sie sind groß, wunderbar, unendlich und unsagbar...›»*

«Jesus sprach zu den Jüngern: ‹Laßt euch im Herzen nicht erschüttern! Vertraut auf Gott und vertraut auf mich! Im Hause meines Vaters sind viele Wohnungen. Wenn es nicht so wäre, hätte ich euch dann erklärt: Ich gehe voraus, euch einen Platz herzurichten? Aber wenn ich gegangen bin und euch einen Platz gerichtet habe, dann komme ich wieder und hole euch zu mir, damit ihr seid, wo ich bin.›»

(Joh. 14:1–3)

«Wir wissen, wenn unsere irdische Behausung abgebrochen wird, erhalten wir von Gott ein ewiges, nicht von Menschenhänden errichtetes Heim im Himmel.» (II. Korinther, 5:1)

«Wir werden aber verwandelt. Denn das Vergängliche muß Unvergänglichkeit anziehen, das Sterbliche Unsterblichkeit. Wenn aber das Vergängliche Unvergänglichkeit anzieht und das Sterbliche Unsterblichkeit, dann erfüllt sich das Wort der Schrift: Der Tod ist überwunden durch den Sieg: Tod, wo ist dein Sieg? Tod, wo ist dein Stachel?» (I. Korinther, 15:53–55)

Nach der Beerdigung meiner Mutter saßen wir in der Stube beisammen. Plötzlich erhob sich Vater von seinem Stuhl, schritt mächtig erregt im Zimmer auf und ab und verkündete leidenschaftlicher, als ich ihn je auf seiner Kanzel erlebte – und er konnte fürwahr seine Gemeinde aufrütteln, wenn er Gottes Wort verkündete: «Wenn diese Worte wahr sind – und sie sind es, ich weiß es, sollte diese Botschaft des Lebens und der Freude von allen Dächern verkündet werden.»

Und das ist es, was ich, sein Sohn, jetzt tun werde. «Von allen Dächern werde ich es hinausrufen» die größte aller Botschaften, die glorreiche Wahrheit, daß wir und alle unsere Lieben ewig leben werden.

Als ich meinem großen Freund, Dr. Daniel A. Poling, von diesem Buch, dessen Titel und meiner Botschaft erzählte, erklärte er in seiner wunderbar verständnisvollen Art, daß ich es «Ewiges Leben» nennen müsse – und so nannte ich es.

Ich habe nicht die geringsten Zweifel an der Wahrheit und Gültigkeit dieses Titels. Ich bin absolut davon überzeugt, daß wir, wenn wir sterben, unsere Lieben wiedersehen und nie mehr voneinander getrennt werden. Ich glaube fest, daß die Identität und Persönlichkeit in der anderen Sphäre, die keine Sorgen und Leiden kennt, fortbestehen werden. Natürlich wird sich dort eine Weiterentwicklung vollziehen, denn ein geistiges Leben ohne ein höheres Ziel wäre sinnlos.

Das Zeichen des Christentums ist ein Pluszeichen, kein Minuszeichen. Die Bibel selbst spricht davon, daß das Christentum ein Prozeß der Entwicklung und nicht der Stagnation ist. «Du aber suche zuerst das Königreich Gottes (das alles im Kreuz, dem Pluszeichen, enthalten und beschrieben ist), und Gerechtigkeit und alle diese Dinge werden dir gegeben werden.» (Matthäus 6:33) Wenn das Leben hier beendet ist, so ist es nicht von dir genommen, sondern Unsterblichkeit – ewiges Leben – wird dir gegeben.

Einige wollen für die Grundlage dieses Glaubens Beweise. Andere sind immer noch ungläubig.

Vor Jahren las ich einen Bericht eines Wissenschaftlers, der dogmatisch erklärte: «Der Tod löscht das Leben der Menschen aus, wie die Flamme einer Kerze erlischt.» Als er diese Erklärung abgab, hörte man noch zum Teil auf ihn, denn die materialistische Wissenschaft blühte. Aber heute würde man ihn bitten, seine Behauptung zu beweisen. «Woher weiß er das? Kann er seine These begründen?» Die Antwort ist, er weiß es nicht und kann es ebensowenig beweisen.

Was die Unsterblichkeit betrifft, so glauben wir nicht an sie, weil wir sie beweisen können. Aber wir versuchen sie zu beweisen, weil wir gar nicht anders können, als an sie zu glauben. In der Tat ist unsere Erfahrung einer der tiefsten Beweise für diese Wahrheit.

«Die Schwierigkeit besteht darin», sagt Plotin, «daß wir uns der Gegenwart des Einen nicht durch den Verstand bewußt werden, sondern auf eine Weise, die über unsere irdischen Begriffe hinausgeht.»

Wenn Gott wünscht, daß wir seinen Standpunkt begreifen, pflanzt er ihn in das Ahnungsvermögen unserer Seele. Die Sehnsucht nach Unsterblichkeit ist so universell, daß er beim Vorurteilslosen kaum auf Gleichgültigkeit stoßen dürfte. Was wir aus tiefster Seele wünschen und fühlen, bleibt ganz sicher nicht ohne Wirkung auf die menschliche Existenz.

Dieses Bewußtsein vom Leben nach dem Tode ist rein intuitiv. Unser Ahnungsvermögen ist ein wichtiger Faktor in der wissenschaftlichen Erkenntnis der Wahrheit. Wie Bergson es darlegt, erreichen Wissenschaftler oft den Punkt, an dem ihr Beweismaterial für die gewonnene Erkenntnis nicht ausreicht, sie jedoch durch intuitive Erkenntnis die Lösung erkennen.

Neueste wissenschaftliche Forschungen bekräftigen unser Ahnungsvermögen und unseren Glauben. Kürzlich bekannte ein berühmter und prominenter Wissenschaftler: «Die Theorie von der Existenz der Seele ist laut den Einsichten der Wissenschaft bewiesen.» Das bedeutet, daß die Seele, die Barriere von Zeit und Raum, überlebt.

Die Wissenschaft ist auf dem Gebiet der Erforschung außersinnlicher Wahrnehmungen weit fortgeschritten. Vor Jahren begannen eine Reihe prominenter Wissenschaftler, unter ihnen Wallace, Myers, Royce und James, Forschungen über die Seele anzustellen.

Später begannen McDougall und Rhine mit parapsychologischen Forschungen. Diese Forschungen befaßten sich mit Erscheinungen, mit denen sich die Psychologie nicht beschäftigte. Diese Wissenschaftler bedienten sich der wohl exaktesten Methode der Untersuchung: des Hellsehens und der Telepathie. Nach unzähligen Experimenten fähiger Fachleute stand fest, daß das Voraussehen von noch ungeschehenen Ereignissen einwandfrei erwiesen ist.

Eine der weitreichendsten Erkenntnisse der Neuzeit ist die Überzeugung, daß das All nur geistig zu verstehen ist. Die alten materiellen und mechanischen Begriffe schwinden dahin. Sir James Jeans erklärte: «Die ganze Welt vibriert, lebt.» Einstein sagte uns: «Materie und Energie sind austauschbar, eins wie das andere.» Die Gelehrten scheinen das tief verankerte geistige «Universum» erkannt zu haben.

Ich zitierte Jeans und Einstein. Jetzt möchte ich einen Cowboy zitieren. Philosophen und Wissenschaftler sind nicht immer weise. Manchmal haben Fischer, Bauern und Cowboys, Menschen, die mit der Natur und der Erde eng vertraut sind, eine überlegenere Weisheit. Dieser Cowboy schrieb die folgenden Zeilen:

Sehr geehrter Herr Doktor,

was ist das, was man Unterbewußtsein nennt? Ich habe es mein ganzes Leben lang gebraucht und weiß, daß es hiermit etwas auf sich hat, was ich nicht verstehe. Ich las alles, was ich hierüber auftreiben konnte. Ich bin fest davon überzeugt, daß es etwas ist, das uns viel nutzen kann. Ich glaube auch, daß es mir viele Male mein Leben gerettet hat.

Ich wuchs im Westen von Texas auf und verbrachte einen großen Teil meines Lebens, wilde Pferde einzufangen. Und ich weiß, daß dieses Unterbewußtsein auch bei Pferden wirkt. Ich weiß, daß es zwischen Mensch und Pferd und Pferd und Mensch Schwingungen gibt; ich fühlte es an den Zügeln. Dasselbe «Etwas» sagte mir, welchen Pfad ich nehmen soll, wenn ich in den Bergen oder im Flachland die Richtung verloren hatte. Es führte mich durch die Dunkelheit der Nacht.

Sie werden glauben, daß ich verrückt bin, solche Behauptungen zu machen. Aber ich versuche nie, etwas zu unternehmen, ohne dieses «Etwas» in mir zuerst gefragt zu haben. Und habe ich die Antwort, reagiere ich schnell.

Wenn Sie irgendeinen Sinn in meinen Fragen und Erfahrungen feststellen können, antworten Sie mir bitte in ganz einfachen Worten.

Ihr Freund Bill

Ich mag diesen Cowboy. Mit den Sternen und den Tälern, den Bergen und mit Gott lebend, wurde aus ihm ein Philosoph. Auf seinen Pfaden hörte er dieses «Etwas». Und was ist es? Es ist Gott im Kontakt mit dem unsterblichen «Etwas» in uns.

Die äußeren Formen dieses mysteriösen Universums sind das unzerstörbare Leben. Die Bibel erinnert uns, daß das, was tot zu sein scheint, nicht tatsächlich tot ist. In der Bibel steht auch, wie Jesus, den sie tot glaubten, in Wirklichkeit lebte und vielen erschien. Er wurde gesehen, starb, um andern wieder zu erscheinen.

Diese Offenbarungen des Sterbens und Wiedererscheinens sollen uns besonders deutlich machen, daß Jesus anwesend ist, selbst wenn er fort zu sein scheint. Er ist niemals fort, sondern immer in unserer Nähe. Eine weitere erstaunliche Aussage der Bibel ist, daß auch wir das Leben nach dem Tode kennenlernen werden. «Weil ich lebe, so sollt auch ihr leben.» (Johannes 14:19) Wenn wir unsere Lieben nicht in Fleisch und Blut vor uns sehen, heißt das nicht im geringsten, daß sie nicht mehr leben. Im Gegenteil, sie leben, ebenso wie wir für immer leben werden.

Am Tage, als ich die Nachricht vom Tode meiner Mutter erhielt, ging ich in die Marble-Collegiate-Kirche und setzte mich auf die Kanzel. Ich tat dies, weil sie mir immer sagte, «wann immer du auf der Kanzel sein wirst, werde ich bei dir sein». Ich wollte ihre Nähe spüren.

Dann ging ich in mein Arbeitszimmer. Auf dem Tisch liegt die Bibel. Sie lag auch dort an diesem Morgen, und sie liegt noch immer dort. Sie ist jetzt alt und zerrissen, aber sie wird dort liegen, solange ich dort zu tun habe, und dann werde ich sie mitnehmen, wohin auch immer ich gehe.

An dem Morgen, als sie diese Welt verließ, legte ich meine Hände auf diese Bibel aus einem instinktiven Wunsch nach Erleichterung. Während ich so dastand, fühlte ich plötzlich und deutlich zwei federleichte Hände, die sich behutsam auf mein Haupt legten. Ein Gefühl unsagbarer Freude durchströmte mich. Von diesem

Moment an zweifelte ich nie mehr an der geistigen Lebendigkeit meiner Mutter.

Ich schrieb einmal in einer Zeitschrift einen Artikel über diesen Vorfall und erhielt zahlreiche Briefe von Leuten, die über ähnliche Erlebnisse berichteten. Ein Arzt schrieb: «Ich war bei einem Mann in seiner letzten Stunde. Plötzlich bekam sein Gesicht einen Ausdruck, den man in seiner Schönheit nur ‹aus dieser Welt entrückt› bezeichnen kann. Er begann, seine Mutter, seinen Vater und seine Geschwister mit Namen zu rufen. Dann sagte er: ‹Frank, ich habe nicht gewußt, daß du auch hier bist?› Indem er seine Augen schloß, entfloh sein Geist.

Die Tochter dieses Mannes», fuhr der Arzt fort, «erzählte mir, daß Mutter, Vater und Geschwister schon seit Jahren tot waren, jedoch konnte sie sich seine Bemerkung über Frank nicht erklären; Frank war nicht tot.

Eine Stunde später kam die Nachricht, daß Frank, ein Vetter, vor einigen Stunden bei einem Unfall getötet worden war.»

Sie leben und werden ewig leben genau wie wir in diesem großen Universum. Das Wissen um diese Wahrheit erfuhr ich zuerst vor Jahren auf einem kleinen Friedhof in Ohio. Ich stand an der Seite meines Vaters, als der Leichnam meiner geliebten Großmutter in die Erde versenkt wurde. Ich bedauerte Vater an diesem Tage sehr, denn er war so traurig wie ich. Ich sehe jetzt noch den Pfarrer an dem Grab stehen und höre in Gedanken den kraftvollen, sicheren Ton seiner Stimme, als er diese unsterblichen Worte wiederholte: «Ich bin die Auferstehung und das Leben: Wer an mich glaubt, der wird leben, ob er gleich stürbe.»

Und wer da lebt und glaubt an mich, der wird nimmermehr sterben. (Johannes 11:25–26)

Erst vor kurzem kam ich an einem sonnigen Tag an den Ort, an dem diese Worte zum erstenmal gesprochen wurden. Wir fuhren die Straße nach Jerusalem hinauf, und dort auf dem Gipfel des Ölberges lag das Dorf Bethlehem, genauso wie man es in jedem biblischen Bilderbuch sehen kann. Wir kamen zum einstigen Grabe des Lazarus und stiegen hinab zu dem Ort, von welchem er kam. Später, als wir in das helle Tageslicht traten, standen wir an dem Grabmal und lasen laut die großen Worte. Der Platz, an dem wir standen, wird derselbe gewesen sein, an dem Jesus den Gläubigen diese unsterblichen Worte verkündete.

Man weiß nie, wann das größte Erlebnis auf uns zukommt. Wenn wir es am wenigsten erwarten, begegnen uns unvergeßliche Augenblicke, die von großer Bedeutung sind. Es ist unmöglich, mich ohne tiefe Gemütsbewegung an dieses Gefühl absoluter Gewißheit zu erinnern, das mich ergriffen hatte, als ich erkannte, wie wahr diese Worte sind, die vor fast 20 Jahrhunderten dort gesprochen wurden. Ich drehte mich zu meiner Frau um und sagte: «Denke an die Millionen gläubiger Menschen der Jahrhunderte, die durch die hier ausgesprochenen Worte getröstet wurden.» Und wieder überkam mich das überwältigende Gefühl ihrer Wahrheit. «Ich bin die Auferstehung und das Leben: Wer an mich glaubt, der wird leben, ob er gleich stürbe.»

Also ist Gottes Antwort auf den Tod: Leben. In der Tat ist die Bibel voll von Äußerungen, die das Leben betonen. Sie lehrt den Glauben an das Leben und nicht an den Tod. Die Bibel berichtet laufend von Erlebnissen des Geistes und der Gegenwart Gottes, um uns zu sagen, daß alles, was tot zu sein scheint, wirklich nur Schein ist, und daß in Wahrheit das Leben ewig ist.

Die Ansicht vom Schrecken des Todes läßt die Gottferne, die fehlende oder völlig falsche Vorstellung des Menschen vom Gott und seiner Absicht erkennen. Robert Louis Stevenson sagte: «Wenn dies der Tod ist, so ist er leichter zu ertragen als das Leben.» Irgendwo las ich den Ausspruch eines großen Denkers: «Das Leben ist die trübe Seite des Todes.» Zweifellos ist der Tod nur der Prozeß des Überganges auf die andere Seite, von der wir nur durch eine schwache Barriere getrennt sind. Wir brauchen keine Angst zu haben. Sokrates, einer der weisesten Männer der Welt, sagte: «Einem guten Menschen kann weder im Leben noch nach dem Tode Böses widerfahren.» Das biblische Buch der Offenbarung sagt uns in einem sehr schönen Satz, daß wir den Tod nicht fürchten sollen: «Und er legte seine rechte Hand auf mich und sprach zu mir: ‹Fürchte dich nicht, ich war tot, und siehe, ich bin lebendig.›» (Offenbarung 1:17,18)

Es wäre unglaublich, wenn Gott, der als Schöpfer tätig ist, den Tod als etwas Schreckliches geschehen ließe.

Das ungeborene Kind unter dem Mutterherzen muß sich sehr geborgen fühlen. Man stelle sich vor, jemand käme zu dem Kind und sagte: «Du wirst diesen Ort verlassen und in eine andere Welt hinübergehen, du wirst sterben.» Das Kind würde antworten: «Aber ich möchte nicht fort von hier, mir gefällt es hier. Ich kenne diesen Ort, ich bin geborgen.» So würde es seine Furcht vor dem ausdrücken, das wir als Geburt bezeichnen, das Kind jedoch als Tod und das Ende seiner Existenz.

Aber es kommt der Tag, an dem das Kind diese Welt, in der es vor der Geburt gelebt hat, verläßt, oder wie wir sagen, es wird geboren. Für das Kind bedeutet es, eine bekannte Lebensform aufzugeben und eine unbekannte anzunehmen.

Aber was erlebt es danach? Es fühlt sich von liebenden Armen umgeben. Das freundliche und Liebe ausstrahlende Gesicht der Mutter schaut auf das Kind herab und ist bemüht, seine Wünsche zu erfüllen. Sicher wird es sagen: «Welch wunderbarer Ort dies ist. Wie dumm von mir, mich zu fürchten und an Gott zu zweifeln.» So beginnt es seine neue Welt, die es zunächst fürchtete, zu lieben. Dann vergehen die Jahre, bis es nach unseren Begriffen alt geworden ist. Eines Tages kommt der Gedanke: «Ich muß sterben und diese Welt verlassen, die so lange Zeit meine Heimat war. Ich liebe ihre Sonne, die meinen Körper erwärmt. Ich liebe die Sterne, die meine Seele erfreuen. Ich fühle mich geborgen. Ich möchte meine Lieben nicht verlassen. Ich möchte nicht von dieser Welt in eine andere hinübergehen.» Der Mensch wehrt sich und fürchtet sich wieder.

Dann kommt der letzte Moment, den wir Sterben nennen. Aber wer sind wir, die wir sagen, daß es nicht einfach eine Neugeburt ist? Was erlebt der Mensch, während diese Veränderung vor sich geht? Plötzlich ist er wieder jung und von Liebe und Schönheit umgeben.

Zweimal ist er gestorben, und zweimal ist er geboren. Es ist sehr verständlich zu glauben, daß man, wenn die Zeit des Sterbens gekommen ist, in einer schöneren Welt wiedergeboren wird. Die Beobachtung der Menschen beim Hinübergehen in das sogenannte Schattental des Todes zeigt, daß die andere Seite ein Ort des Lebens und der Schönheit ist. Natürlich mag manchmal die Angst vor Krankheit und vor dem Verlust des Lebens durch körperlichen Tod etwas Ergreifendes und Schwieriges sein. Aber im Moment des Sterbens, wie es ein großer Arzt beschrieb, «scheint den Menschen eine Welle des Friedens zu überfluten und somit das menschliche Leiden zu beenden».

Eine Krankenschwester, die viele Menschen sterben sah, sagte, sie habe auf den Gesichtern der Sterbenden nie Entsetzen feststellen können, nur bei einer Frau, die ihre Schwester betrogen hatte. Sie starb mit einem Ausdruck der Furcht im Gesicht. «Viele Patienten», sagte die Schwester, «machten im Sterben den Eindruck, als ob sie etwas gesehen hätten, und sprachen von wunderbarem Licht und Musik. Einige sprachen von Gesichten, die ihnen erschienen. Oft lag ein Ausdruck unbegreiflichen Erstaunens in ihren Augen.»

Ein Freund erzählte von einem Mann, der während einer Operation unter örtlicher Betäubung stand. Die Operation war komplizierter als vorausgesehen, und der Zustand des Patienten verschlechterte sich bedenklich. Die Herztätigkeit setzte fast aus, jedoch überlebte der Patient die Operation doch noch. Anschließend berichtete er, er habe sich eine Zeitlang, wie noch nie zuvor, gewünscht, bei Bewußtsein und am Leben zu bleiben. Je stärker jedoch die Ohnmacht wurde, desto geringer war sein Bedürfnis, wieder aufzuwachen. Das war jener Moment, in dem der Arzt die gefährliche Verschlechterung feststellte. Was er bei seiner Reise quer über den Fluß wahrnahm, war von so überwältigender Schönheit, daß es ihn anzog.

Ich war bei einem anderen Freund, einem Meteorologen, als er im Sterben lag. Als ihn der Nebel des Tales umfing, sagte er plötzlich zu seinem Sohn, der neben ihm saß: «Jim, ich sehe wundervolle Gebäude. In einem brennt ein Licht, und dieses Licht ist für mich. Es ist wunderbar.» Dann war er tot.

Jim sagte: «Mein Vater war ein ganz und gar intellektueller Typ, und in seinen wissenschaftlichen Werken berichtete er nie über irgend etwas, das nicht als Tatsache bewiesen werden konnte. Die Gewohnheit von Jahren kann sich also nicht geändert haben, er berichtete auch hier, wie er es sah.»

Ich sprach mit der verstorbenen Frau von Thomas A. Edison über die Ansicht ihres Mannes vom Leben nach dem Tode. Er arbeitete an einem Werk über die Gewichtsbestimmung der Seele. Er glaubte, die Seele sei ein Wesen, das den menschlichen Körper nach dem Tode verläßt. Indem er den Körper vor und nach dem Tode wog, hoffte er, sich ein Bild über die Wirklichkeit der Seele machen zu können.

Edison war einer der größten Erfinder in diesem Land. Als er im Sterben lag und dem Tode nahe war, bemerkte der Arzt, daß er versuchte, etwas zu sagen. Er beugte sich über ihn und hörte Edison deutlich aussprechen: «Es ist wunderschön hier drüben.»

Als Edison das elektrische Licht erfand, führte er Hunderte von Experimenten durch, bevor sein Bericht über die Erfindung der Glühbirne erschien. Kann man glauben, daß die lebenslange Gewohnheit wissenschaftlicher Genauigkeit im Moment des Sterbens verschwindet und ein Wissenschaftler auf einmal poetische Reden führt? Bestimmt sah er etwas, sonst hätte er nicht davon gesprochen. Er versicherte uns, «es ist wunderschön hier drüben». Sie können an die Wahrheit dieser Worte glauben.

Ich wurde zu einer schwerkranken Frau ins Krankenhaus gerufen. Beim Betreten ihres

Zimmers fragte ich nach ihrem Befinden und war erstaunt über ihre direkte Antwort. «Seelisch und geistig fühle ich mich wohl. Mein Körper liegt jedoch im Sterben.»

Ihr ausgeglichener und furchtloser Blick ließ mich erkennen, daß hier jemand fähig war, mit Unerschütterlichkeit dem zu begegnen, wovor sich die meisteu von uns fürchten. Mit ausgesprochener Objektivität näherte sie sich dem Ereignis , das so viele für entsetzlich halten. Sie war zu vergleichen mit jemandem, der sich für eine lange Reise fertigmacht, für eine schöne Reise. Hier gab es keine Furcht, nur erhabenen Glauben.

Sie sagte: «Ich hatte den Wunsch, Sie zu sehen, nicht weil ich besondere Tröstung brauchte, sondern um Sie dringend zu bitten, die Botschaft Christus von Hoffnung und Glauben weiterhin zu lehren. Sie müssen fortfahren, den Menschen zu sagen, daß Jesus Christus die Wahrheit über Leben und Tod gesagt hat, daß er ihnen im Leben helfen und sie am Ende in eine geistige Welt führen wird.» Ein liebliches Lächeln trat auf ihr Gesicht. «Da ich nun dem unvermeidlichen Tod gegenüberstehe, liege ich hier und denke über all die geistigen Wahrheiten, die ich gelesen und gehört habe, nach. Ich habe beschlossen, alles in Gottes Hand zu legen. Ich bin tief davon überzeugt, daß dies richtig ist. Er ist mir so nahe.» Sie fügte einen weiteren Satz hinzu, der mir wie Glockenklang in Erinnerung ist. «Ich habe keine Angst vor dem Leben und auch nicht vor dem Tode.»

Bevor ich ging, stand ich am Fußende ihres Bettes und sagte: «Ich grüße Sie als eine große Frau, eine der größten, die ich je gekannt habe. Sie haben keine Angst vor dem Leben und keine Angst vor dem Tode. Sie haben den größten aller Siege errungen. Wohin Sie in der Weite der Ewigkeit auch gehen mögen, Gott wird mit Ihnen sein.»

Wie gütig Gott doch ist. Die Bibel, sein Buch, verspricht die erstaunlichsten Wohltaten. Ich persönlich glaube an diese Wohltaten, so außergewöhnlich sie auch sind. Da der Segen so übergroß ist, findet selbst die Bibel manchmal keine Beschreibung. Sie erklärt einfach: «Was kein Auge gesehen, kein Ohr gehört und kein Menschenherz je erlebt hat, hat Gott denen bereitet, die ihn lieben.» (1. Kor. 2:9) Deshalb fürchtet euch nicht vor dem Leben und fürchtet euch nicht vor dem Tode.

Dr. Leslie D. Weatherhead aus London sagt: «Ich möchte Ihnen, der viele hat sterben sehen, sagen, daß ich dabei nie jemanden gesehen habe, der unglücklich war. Manchmal zeigten sich am Anfang Angst und Pein, die jedoch plötzlich zu

Ende sind, oder aber der Mensch sinkt in einen völlig schmerzlosen Schlaf, und es ist eines der freudigsten Erlebnisse, die er je haben kann.

Einst saß ich am Bett eines sterbenden Mannes, dessen Hand in meiner lag. Ich mußte seine Hand fester als beabsichtigt gehalten haben, denn er sagte etwas Eigenartiges zu mir. ‹Hole mich nicht zurück, hier geht etwas Wunderbares weiter.› Als wir dachten, meine Schwester würde sterben, hörte sie den Arzt zur Krankenschwester sagen: ‹Sie wird diese Nacht nicht überleben.› Für den Patienten war dies die beste Nachricht der Welt. Als später die Krankenschwester sagte: ‹Sie wird doch durchkommen›, erzählte uns meine Schwester später, daß sie diese Worte mit Bedauern gehört hatte.»

Dr. Weatherhead zitiert Dr. William Hunter, einen erfolgreichen Arzt, der auf seinem Totenbett sagte: «Wenn ich die Kraft hätte, eine Feder zu halten, würde ich aufschreiben, wie einfach und angenehm das Sterben ist.»

Natürlich ist der Lebenswille sehr stark, und wir widersetzen uns dem Tod bis zum Ende. Dies ist ein Teil der menschlichen Natur. Der Widerstand gegenüber dem Tod wurde uns von einem weisen Schöpfer gegeben. Wenn wir diesen Widerstand nicht besäßen, könnten wir die Schwierigkeiten des Lebens nicht meistern und würden den einfachsten Ausweg nehmen. Aus diesem Grunde wurden wir so geschaffen, daß sich niemand das Leben nehmen wird, es sei denn, man nehme, gottfern, an, einen Grund dafür zu haben. Aber Gott, der diesen Widerstand gegen den Tod in uns geschaffen hat, schuf in unserem Leben ebenfalls eine große Hilfe in Form des Glaubens, daß wir nach dem Tode zu einem anderen Leben übergehen. Da Gott nie etwas Schlechtes, sondern seinen Kindern nur alles zu ihrem Besten getan hat, beweist dies, daß nach dem Tode, vor dem wir uns so lange fürchteten, aller Schrecken ein Ende haben wird.

Mein Vater starb im Alter von 85 Jahren. Ich kannte noch nie einen Menschen mit so starkem Lebensdrang. Jedesmal, wenn ich ihn sah, sagte er: «Norman, ich werde einmal 100 Jahre alt.» Er liebte das Leben und scheute den Tod, doch ungefähr drei Monate bevor er starb, sah er ihm gelassen entgegen.

Meine Stiefmutter, die bei ihm war, als er starb, erzählte mir, er habe sie kurz vor dem Ende fragend angesehen (er konnte nicht mehr sprechen), als wollte er sagen: «Ist es das?»

Sie sagte: «Ja, Clifford, das ist es», und erzählte, daß ein wunderbares Lächeln über sein Gesicht glitt, als ob er sagen wollte: «Wie dumm ich doch war.»

Meine Stiefmutter, Mary Peale, ist eine sehr wirklichkeitsnahe und sensible Frau. Sie ist wundervoll. Einige Monate nach dem Tode meines Vaters sagte sie zu mir: «Ich hatte ein Erlebnis mit deinem Vater. Du wirst mich doch nicht für töricht halten, wenn ich dir davon erzähle?»

«Warum? Natürlich nicht», erwiderte ich.

«Neulich nachts glaubte ich, er käme zu mir», fuhr sie fort. «Ich glaubte ihn zu hören, es war kein Geräusch zu vernehmen, aber mein inneres Ohr nahm etwas wahr, und zwar genau den Klang seiner Stimme, unverändert wie in alten Zeiten.»

Er sagte folgendes: «Ich würde gerne noch einmal sterben, wenn ich dir nur erklären könnte, wie schön dies alles ist und wie gut es mir geht.» Und dann sprach er vom Tod: «Es ist nichts daran, was zu fürchten wäre.»

Wenn er sagte: «Es ist nichts daran», meinte er natürlich nicht, daß der Tod kein schwerwiegendes Erlebnis ist. Er meint nicht, daß diejenigen, die zurückgeblieben sind, keinen Kummer haben. Er würde niemals etwas bagatellisieren. Er wollte uns nur die Furcht vor dem Tode nehmen.

Dr. James H. Bennet, der von der Medizinischen Gesellschaft des Staates New York zum «Praktischen Arzt des Jahres» ernannt worden war, erkrankte schwer, und man bat mich, ihn anzurufen.

Ich telefonierte also mit ihm, und wir unterhielten uns eine halbe Stunde lang. Er sprach ganz natürlich von seiner Krankheit und erzählte mir ohne Zögern, daß sein Dasein auf dieser Erde nur noch von kurzer Dauer sei.

«Wie fühlen Sie sich dabei?» fragte ich.

«Ich habe gelernt, die Dinge zu nehmen, wie sie kommen», sagte er. «Während meiner ganzen beruflichen Laufbahn hatte ich mit Leben und Tod zu tun.»

«Fürchten Sie sich?» fragte ich ihn.

Seine Antwort war direkt und bestimmt: «Wovor sollte ich mich fürchten? Mein Gewissen ist rein, und außerdem ist Gott gütig.»

«Wenn Ihre Zeit des Sterbens kommt», fragte ich, «glauben Sie, daß Sie drüben weiterleben werden?»

Seine Antwort war genauso bestimmt: «Daran zweifle ich nicht.» Diese Gewißheit eines ausgezeichneten Arztes mag für viele ein Grund mehr sein, zu vertrauen.

Man darf tiefes Vertrauen in die ewige Zukunft seines Lebens und das seiner Lieben setzen und die Gewißheit haben, ein ewig lebender und unsterblicher Teil einer unermeßlichen Schöpfung zu sein.

Es mußte zu uns gesagt werden, daß wenn Gott die Menschen nur für diese Erde geschaffen hätte, dann wäre es wohl eine sonderbare Liebhaberei von seiner Seite, in einem fort zu schaffen und Geschaffenes dann wieder zu zerstören.

Aber weil Gott den Menschen für ein höheres, ewiges Leben erschaffen hat und ihn nur so lange auf dieser Erde läßt, bis er die nötige Probe der Willensfreiheit oder mindestens den Durchgang durch das irdische Leben gemacht hat, hat dieses kurze Leben einen Sinn.

Gott hält also die Menschen nur so lange in dieser Welt, als es für sie höchst nötig ist.

Verläßt der Mensch diese Erde, so wird er jenseits in andere «Schulungsräume» geführt werden, die geeignet sind, ihn zur höheren und wahren Lebensvollendung gelangen zu lassen.

Je mehr wir die Gewißheit des Göttlichen in uns vertiefen, desto größer wird unser Vertrauen, und die Rätsel des Lebens lösen sich von selber auf. Wer Gott begriffen und ergriffen hat, braucht keine «Beweise» mehr. In unserer Seelentiefe lebt ein Funke aus dem Lichtmeer Gottes.

«Wenn die Türe aufgegangen ist, ist alles anders. Was vorher leer war, ist jetzt klingende, beglückende Melodie.» (Jakob Böhme)

«Wer sein Leben verliert, wird es finden.»
(Matth. 10:39)

„Ich habe nicht die geringsten Zweifel, was die Wahrheit und Gültigkeit des Wortes ‚Gibt es ein ewiges Leben?' betrifft. Ich bin absolut davon überzeugt, daß, wenn wir sterben, wir unsere Lieben wiedersehen und erkennen und nimmermehr voneinander getrennt werden."
(Norman Vincent Peale)

*Liebe Leserin, lieber Leser!*

Wenn Ihnen die Kraft des positiven Denkens hilft, werden Sie auch Interesse an den Büchern von Erhard F. Freitag haben, der in Deutschland die Gedanken von Norman Vincent Peale und Dr. Joseph Murphy aufgegriffen und weiterentwickelt hat. Auf den folgenden Seiten lesen Sie einen Auszug aus Erhard F. Freitags neuem Buch, *»Erkenne Deine geistige Kraft«*, in dem grundsätzliche Fragen zum positiven Denken beantwortet werden:

## *Frage:* Wie arbeitet mein Unterbewußtsein?

Gut, daß du mir nicht die Frage gestellt hast: »Was ist das Unterbewußtsein?« Diese Frage könnte ich nämlich nicht beantworten, und ich bin davon überzeugt, daß es auch kein anderer Mensch bisher geschafft hat. Das Unterbewußtsein hat keine räumliche Ausdehnung, es ist nicht zeitlich begrenzt, es ist nicht materiell und doch mit unserem Körper verbunden. Es hat niemals angefangen zu sein, und es wird niemals aufhören zu sein. Aber keine Angst; daß ich nicht weiß, was das Unterbewußtsein ist, bedeutet nicht, daß ich nicht weiß, wie es arbeitet.

Zunächst ein paar Worte zu seinen Aufgaben. Das Unterbewußtsein hat sozusagen den Auftrag, dein Bewußtsein von Informationen freizuhalten. Die ungeheure Fülle von Informationseinheiten, die in jeder Sekunde deines Lebens von deinen Sinnen aufgenommen wird, könnte dein Bewußtsein unmöglich verkraften. Hier leistet dein Unterbewußtsein einen lebenswichtigen Dienst, es speichert nämlich »für alle Fälle« das, was auf dich einstürzt.

Stell dir vor, du bist ein vielbeschäftigter Geschäftsmann, und in deinem Büro würden 24 Stunden am Tag hundert Telefone klingeln. Jeder der Aufrufer hätte eine Information für dich: Die Luft will dir sagen, wie warm sie gerade ist. Deine Frau teilt dir mit, was es heute abend zu essen gibt. Dein Bauch meldet, daß es oben rechts ein bißchen zieht, die Pflanze auf deinem Schreibtisch möchte dir ihre neue Blüte zeigen. Dein Partner aus Südamerika will dir ein neues Geschäft vorschlagen... Ich glaube, du würdest das nicht einmal 24 Stunden lang aushalten! Und nun stell dir vor, daß du als dieser vielbeschäftigte Geschäftsmann an alle deine hundert Telefone Anrufbeantworter anbringst (und du das Klingeln nicht mehr hörst). Jetzt kannst du jeweils an das Telefon gehen, dessen Botschaft dich gerade interessiert. Alle anderen Botschaften werden auf das Tonband aufgezeichnet. Und falls du mal Lust hast, könntest du später in dieses, mal in jenes Band hineinhören.

Dein Unterbewußtsein ist also mit einer Tonbandcassette vergleichbar, die viele Tonspuren hat. *Es ist die einzige Aufgabe dieser Cassette, Informationen aufzuzeichnen, zu speichern und auf Abruf das Gespeicherte in ausreichender Lautstärke wiederzugeben.*

Vielleicht ist dir der Vergleich mit der Tonbandcassette etwas zu mechanisch, doch an ihm läßt sich noch eine andere wichtige Eigenschaft des Unterbewußtseins deutlich machen. Ebenso wie ein Tonband verhält sich dein Unterbewußtsein allen Aufzeichnungen gegenüber völlig neutral. Es unterscheidet nicht, es wählt nicht aus, es bewertet nicht. Es ist ihm völlig gleichgültig, was du ihm »anbietest«. Es hat gar nicht die Fähigkeit, darüber zu urteilen, ob dein »Programm« gut oder böse ist. Das ist allein die Aufgabe deines Bewußtseins. Dein Unterbewußtsein arbeitet für dein Bewußtsein als dienstbarer Geist, der hundertprozentig die Wünsche seines Herrn erfüllen kann, gerade deshalb, weil es gar keine eigenen Wünsche hat.

Nun speichert dein Unterbewußtsein nicht nur alle Eindrücke, die unwillkürlich auf dich zukommen, es speichert – und das ist der entscheidende Punkt für dich – auch deine Gedanken. Wir denken nahezu ununterbrochen, wenn wir wach sind. Gedanken aller Art durchziehen wie ein unendlich großer Vogelschwarm unseren Geist. Seit Jahrhunderten haben Mystiker aller Religionen und geistigen Richtungen versucht, diesen »Vogelschwarm« unter Kontrolle zu bringen. Mit meditativen Techniken gelingt das auch für einige zeitlose Momente. Doch hast du schon einmal versucht, während du deinem Kind bei den Schularbeiten hilfst, eine Mousse au chocolat zubereitest oder deinen Automotor auseinandernimmst, *nicht* zu denken? Falls ja, werden die Ergebnisse entsprechend gewesen sein. Wir wollen damit sagen, daß es innerhalb eines tätigen Lebens nicht möglich ist – von beglückenden Augenblicken abgesehen –, das Denken einzustellen.

Und nun bin ich am entscheidenden Punkt angelangt. Du hast zwar keinen Einfluß darauf, ob etwas von deinem Unterbewußtsein gespeichert wird, aber zu einem wesentlichen Teil sehr wohl darauf, *was* gespeichert wird. Ich will erklären, warum das so wichtig ist. Dazu muß ich meinen sehr mechanischen Vergleich mit der Tonnbandcassette jetzt doch fallenlassen und einen besseren heranziehen.

Stell dir vor, dein Unterbewußtsein wäre ein Garten und deine Gedanken die Samen, die du in diesem Garten pflanzt. Aus Samen wächst etwas (das ist der Unterschied zum Tonband), etwas, das vorher nicht da war. Eine Blume, eine Frucht materialisiert sich, wird langsam Wirklichkeit. Du mit deinem bewußten Geist bist der Gärtner dieses Gartens, und du mußt ihn bepflanzen – doch du hast die Wahl, welche Art von Samen du nimmst.

Diese Samen sind deine Gedanken. Böse, traurige, zerstörerische Gedanken bringen ebensolche Früchte hervor. Ein jegliches wächst nach seiner Art. Aufbauende, liebevolle, freudige Gedanken bringen ebenfalls entsprechende Früchte hervor. Mit anderen Worten: Denkst du zum Beispiel immer wieder an Krankheit – säst du den Samen der Krankheit –, so schließt dein Unterbewußtsein *automatisch* daraus, daß Krankheit die Frucht ist, die du ernten möchtest! Und es wird alles veranlassen in deinem Körper, um deinem »Wunsch« zu entsprechen.

*Alles, was du denkst, hat die Tendenz, sich zu materialisieren.* In deinem Körper, deiner Umgebung, deinen Lebensumständen. Durch ständige Wiederholung verstärkst du diese Tendenz. Das ist ein geistiges Gesetz, dessen Tragweite dir ganz klar sein sollte. Wenn du einen sonnigen, heiteren Charakter hast und ab und zu eine Regenwolke über dein Gemüt zieht, so hat das wenig Wirkung auf dein seelisches und körperliches Befinden und auf deine Lebensumstände. Wenn du jedoch Tag für Tag mit angstvollem Grübeln, mit Groll gegen andere und depressiver Verstimmung zubringst, so höhlt der stete Tropfen den Stein: Das Ergebnis wird in deinem Leben sichtbar.

Alles, was sich ausdrückt, was sich seiner Umgebung mitteilt, hat eine Sprache. Diese Sprache muß nicht immer aus Worten bestehen. Die Sprache deines Unterbewußtseins ist eine Sprache der Bilder. Es versteht Worte und Begriffe nur in dem Maße, als sich ein Bild damit verbindet. Wenn du das Wort »Glück« denkst, so kann dein Unterbewußtsein nur etwas damit anfangen, wenn du ihm die Bilder dazu lieferst, die du mit diesem Wort verbindest: eine Liebesumarmung, eine bestandene Prüfung, ein einsamer Strandspaziergang oder was auch immer. Wenn du nun Kontakt zum Garten deines Unterbewußtseins aufnehmen willst und gezielt positive Gedanken darin säen möchtest, so ist es von entscheidender Bedeutung für deinen Erfolg, daß du in Bildern denkst.

Doch das bringt uns schon zur nächsten Frage.

## *Frage:* Was bedeutet positives Denken, und wie kann ich damit meine Zukunft selbst gestalten?

Der Ausdruck »positives Denken« wird so oft mißverstanden, daß ich ihn gar nicht mehr gern gebrauche. Viele Leute meinen, damit wäre ein Akt der Verdrängung, des Zukleisterns, der Schönfärberei, der Verlogenheit bezeichnet. So als wollte ich alles »Negative« unter einen riesigen Teppich kehren und gar nicht mehr hinschauen.

Jeder Mensch, der ein Gespür für seelische Vorgänge hat – das muß ganz und gar kein Psychologe sein –, weiß, daß das nicht möglich ist. Das, was wir unter den Teppich kehren, ist nicht verschwunden, es ist nur vorübergehend unserem Blick entzogen. Eines Tages quillt es unter dem Teppich hervor und wird dann unsere ganze Wohnung verschmutzen…

Positives Denken ist treffender »konstruktives« Denken. Etwas wird aufgebaut, unser Geist wendet sich Inhalten zu, die erwünscht sind. Stell dir vor, du stehst auf einem großen Bauplatz, auf dem viele, viele Baumaterialien herumliegen. Positives Denken sichtet Vorhandenes und ordnet das zur Verfügung Stehende in jetzt brauchbar und eventuell später brauchbar ein. Positives Denken heißt, den Bauplatz nicht als Chaos zu bezeichnen, sondern weiß um die Nützlichkeit von allem. Positives Denken wertet nicht, sondern versucht, für das Existierende den rechten Ort und die rechte Zeit zu finden. Positives Denken geht davon aus: Alles ist *gleich*-gültig! Alles ist brauchbar, nur nicht unbedingt jetzt. Ich habe schon gesagt: Ein jegliches gedeiht nach seiner Art. Je konstruktiver du denkst, desto mehr wird in deinem Leben aufgebaut. Du zerstörst nicht länger die Grundlagen deines Seins, du entwickelst sie weiter, du führst sie immer größerer Vollkommenheit zu.

Ich bin der Meinung, daß diese Weiterentwicklung von der niederen Form zur höheren Form der Sinn unseres Lebens ist. Jeder von uns ist ein Teil jenes gewaltigen Umwandlungsprozesses, den wir Evolution nennen. Yogananda hat einmal ein poetisches Bild dafür gefunden, das ich in diesem Buch schon interpretiert habe: »In der Schöpfung scheint es so, daß Gott im Gestein schläft, in den Blumen träumt, in den Tieren erwacht und im Menschen weiß, daß er wach ist.«

Die Stufen der Evolution unterscheiden sich also durch die verschiedenen Grade von Bewußtsein. *Alles* ist Bewußtsein. Materie ist die niedrigste Form von Bewußtsein; das universelle, prinzipielle, reine Bewußtsein ist die höchste, die göttliche Form.

Wir Menschen sind eine Zwischenstufe, ein Wesen des Übergangs. Wir haben die Bewußtseinsformen von Gestein, Pflanze und Tier überschritten. Das heißt nicht, daß wir sie hinter uns gelassen, die Verbindung mit ihnen abgebrochen haben. Wir haben noch sehr viel kristallines, vegetatives und – das ist wohl am deutlichsten – tierisches Bewußtsein in uns. Doch erstmals »weiß« Gott in uns, daß er wach ist. Wir sind individuelles, spezielles Bewußtsein, das über unsere körperliche Existenz, über unser Ego hinausweist.

Die Menschen des Wassermann-Zeitalters sind dazu aufgefordert, einen weiteren Schritt nach vorne in der evolutionären Entwicklung zu tun. Um unser weiteres Überleben zu sichern, müssen wir überholte Verhaltensweisen hinter uns lassen. Unsere Kampfbereitschaft, unsere Ablehnung alles Fremden, unser Egoismus, unsere Abgrenzung sind Relikte aus der Frühgeschichte der Menschheit. Damals haben, im nackten Kampf ums Überleben in einer rauhen Umwelt, diese Eigenschaften wertvolle Dienste erwiesen. Doch nun können wir sie überschreiten, also einen Schritt weiter, nach vorne gehen. Und wir kennen auch schon das Ziel: Die Verschmelzung unseres individuellen, speziellen Bewußtseins mit dem universellen, höheren Bewußtsein.

Wir Menschen sind fünf Milliarden verschiedene Wege zu diesem Ziel. Der eine steuert es direkt an, der andere macht – für ihn notwendige – Umwege.

Wir wissen nicht, wann wir eine neue Stufe der Evolution erreicht haben werden, und wir wissen auch nicht, wie es dort tatsächlich aussehen wird. Genausowenig wie die Affen sich darüber unterhalten konnten, wie ein Mensch beschaffen sein wird. Nach einer unendlich langen Anhäufung von Quantität passierte plötzlich der qualitative Sprung. Genauso werden wir es erleben. Vielleicht wirst du selbst in diesem Leben noch nicht ein »neuer Mensch« sein, aber du kannst deinen speziellen und ganz persönlichen Teil dazu beitragen, daß dieser schöpferische Sprung einmal geschieht.

Ich kehre zurück zu deiner konkreten Frage. Ich hoffe, ich habe dich jetzt davon überzeugt, wie notwendig es ist, positiv, also konstruktiv zu denken. Du erschaffst damit buchstäblich die Grundlagen deines Seins, du gestaltest deine Zukunft.

Die Zukunft kann immer nur aus der Gegenwart entstehen. Du kannst nicht die Zukunft verändern, denn die ist nur ein abstrakter Begriff. Das, was wandelbar ist, ist das *Jetzt,* deine unmittelbare Gegenwart. Kümmere dich also niemals darum, was sein wird, das ist intellektuelle Spielerei. Schau auf das, was ist. Wenn du Schnittlauchsamen in deinen Garten säst, ist es doch verrückt, darauf zu hoffen, daß Petersilie daraus entsteht, oder? Genauso ist es mit deinen Gedanken-Samen. Möchtest du morgen »Petersilie« ernten, mußt du auch heute »Petersilie« säen. Also, möchtest du Gutes, Gesundes, Erfolgreiches morgen ernten, geht das gar nicht anders, als daß du *heute* Gutes, Gesundes, Erfolgreiches denkst. Tust du das nicht, ist dein Leben, wie ich das leider so oft beobachten konnte, eine endlose Kette von kraftlosen und illusionär bleibenden Hoffnungen und Wünschen.

*Heute ist der erste Tag vom Rest deines Lebens.* Heute beginnt deine Zukunft. Streiche jedes »Wenn« und »Aber« aus deinen Gedanken. Wir haben es uns angewöhnt, unser Glück ständig von irgendwelchen Bedingungen abhängig zu machen. *Wenn* ich Geld habe... *Wenn* ich verheiratet bin... *Wenn* ich diesen Job bekomme... Was ist dann? Dann beginnt eine neue Kette von »Wenns« und sonst gar nichts!

Lerne die Verwirklichung deiner Wünsche im Hier und Jetzt zu suchen. Grübele nicht ständig in der Vergangenheit nach und sorge dich nicht, lebe! Es gibt kein Wenn und kein Dann. Es gibt jetzt, in diesem Augenblick, dich, so, wie du gerade bist. Dieser Augenblick kehrt in Hundertmillionen Jahren nicht mehr zurück. Nutze ihn. Alles, was du verändern willst, muß du hier und jetzt in die Wege leiten. Nicht später, irgendwann oder »wenn«!

Die großen geistigen Führer, und auch die oft im Verborgenen liebevoll helfenden Frauen aller Jahrhunderte wußten: Die Ewigkeit liegt im Augenblick, das, was zählt, muß immer wieder hier und jetzt geschehen. Leben ist reines, absichtsloses Sein.

Wie schwer das uns planenden, intellektuellen Wesen fällt! Zwinge dich nicht dazu, das wäre ja schon wieder lenkende Absicht. Aber vielleicht kannst du dir angewöhnen, deine Gedanken und Gefühle immer wieder geduldig auf deine unmittelbare Gegenwart zurückzuführen. Denn nur das, was du überhaupt wahrnimmst, kannst du auch verändern. Was du nicht siehst und empfindest, entzieht sich deinem Bewußtsein. Wie willst du da etwas verändern?

Wir wissen, daß unser Bewußtsein nur der oberste Kristall eines Eisberges ist, der im Meer des Unbewußten schwimmt. Unsere

Gedanken und Gefühle kommen und gehen, tauchen auf und tauchen wieder unter. Das ist eine geistige Bewegung, die unwillkürlich abläuft. Möchtest du Einfluß auf diese geistige Bewegung nehmen, so mußt du zunächst einmal versuchen zu *beobachten,* was da eigentlich in dir geschieht. Natürlich, das ganze »Meer« kannst du nie erfassen, doch wenigstens den »Eisberg« etwas näher erkunden. Dazu gibt es eine wirkungsvolle Technik.

Aus: E. F. Freitag, mit C. Zacharias, Erkenne Deine geistige Kraft (Goldmann Taschenbuch 11812)